編むことは力

編むことは力

ひび割れた世界のなかで、私たちの生をつなぎあわせる

ロレッタ・ナポリオーニ

佐久間裕美子 訳

岩波書店

THE POWER OF KNITTING:
Stitching Together Our Lives in a Fractured World
by Loretta Napoleoni

Illustrations by Alessandra Olanow / Illustration Division, Inc.

This Japanese edition published 2024 by Iwanami Shoten, Publishers, Tokyo
by arrangement with THE ITALIAN LITERARY AGENCY, Milan
through Japan UNI Agency, Inc., Tokyo.

私が人生を編み直すのに使った針となってくれた息子のジュリアンへ

著者の言葉

個人的な大惨事に見舞われた時、自分の人生を組み立て直すために頼ったのは、経済、政治、つまり社会科学という自分の専門分野だった。すぐに、こうした分野の知識や英知が、その難しい作業には十分でないことを理解した。もっと強く、もっと普遍的で、人生というものの美しさに自分の錨をおろさせてくれるような何か、勇気と希望を与えてくれるようなパワフルでポジティブな道具を必要としていた。自分の人生を振り返り、子どものころに受け取った、人生の舵取りに備えるためのたくさんの教訓を思い出してみると、編み物というものは、それまでも常に一緒にいた相棒であり、愛する人、愛してくれる人と共有できる手芸であり、ヒューマニティの普遍的でポジティブな部分と接続でき、手でじかに触れられる行為だった。

私たちが生きるバーチャルな世界では、スマートフォンやタブレット、コンピュータの画面を通じて、イメージや文字、声が、リアルタイムに届く。けれど、それは単に機械とマイクロチップの間に起きる交換であり、それ以上の存在ではない。私たちが暮らす不毛で冷たいサイバー世界では、互いの体に触れ合ったり、匂いを嗅いだり、キスを交わしたりすることはどんどん減っていて、私たち人間のつながりから、感覚というものが奪われている。

私たちは、身体的に切り離されている。私自身、身体的に切り離されている。世界の向こうにいる子どもたちと毎日スカイプすることはできるけれど、何カ月にもわたってハグをしないことがある。彼らのことを、思い焦がれている。

一九九〇年代初頭に起きた、ある政治的な大事件が、私の人生を変えた。イタリアのマルキスト団体〈赤い旅団《レッド・ブリゲイツ》〉が、武装闘争の放棄を宣言し、選ばれた数人を相手に、自分たちの体験について語り始めた。私は、選ばれた一人だった。調査を実施するために、ロンドン市のエコノミストとしての職を離れ、その後の数年をかけて、複数の武装組織のメンバーにインタビューした。彼らの行動に影響を与えたものが、政治よりも経済であることに気がついた時、調査の焦点を組織の財政に定めた。九月一一日の同時多発テロが起きた際は、武装組織の資金の流れを追跡した私の過去の調査、知識、洞察が、現代のテロリズムを理解し、立ち向かおうとする人たちにとっても価値のあるものとなった。

対テロ戦争が具体化するのと並行して、「バーチャル・ライフ」が登場し、グローバリゼーションが進行して、世界は大規模な変容を強いられた。恐怖と孤立が、新世紀の魔物になった。私は、過去二〇年にわたる特異かつ痛みに満ちた時代の変化を証言する本を何冊か執筆した。こうした本を読み返してみると、社会が、今私たちの直面している変化にうまく対処できていないことに気づいた。私生活と社会生活のバランスを取り直すために、これまで負った傷を癒し、これから受けるであろうダメージから自分たちを守らなければならない。私たちが直面しているチャレンジは、あまりに異質で、心理学、政治学、経済学といった社会の不安定さを解決するための古典的なツールは役に立たない。未知の海を帆走しているのだから、旅を切り抜けるためのオルタナティブなスキルを見つけなければならない。想像もしなかったヒーリングの方法を試してみる必要がある。言い換えれば、既存の枠組みの外で思考しなければならない、ということだ。

私たちの私生活においてでさえ、身体的な孤立と仮想的なコミュニケーションは、昔ながらの社交活動を損なう。変貌する時代にどう行動すべきかがわからないから、社会は加速度的に機能不全に陥り、人々は妄想に傾いている。私がこれに気がついたのは、二〇一〇年代の終わりに、夫が私と家族に経済的破綻の危機をもたらして、もう一度自分の人生を考え直さなければならなくなった時だった。

今、私は、大きなミスと、何を編もうかと心変わりを繰り返す、凡庸で自信のない編み手の手中にある古くて強い糸のような気持ちでいる。これまで何度か編まれてはほどかれ、再び編まれてきた。洗われ、伸ばされ、乾かされた後に、何度、表編みと裏編みを繰り返されたかわからない。そのたびに、従わなければならない人生のパターンは難しく、厳しくなるけれど、なんとか新品の糸とほとんど同じようにうまく機能し続けてきた。しかし、今回は違う。これが最後の試みで、私は自分の限界に到達してしまった。パターンを正しく摑まなければならない。

私の個人的な世界と、職業人としての世界とを内包するこのわれわれの世界は、覗き見趣味が強く、他者との交流を忌避する傾向があり、極度に技術中心主義である。それは孤独で、実存的なひびや亀裂に溢れていて、クレバスの隙間に落ちるのに、一秒もかからない。私たちを悩ませる自分の存在についての不安の原因は、こういう状況にあるのだろうか？

私は、恒常的なサイバー社会の孤独に、唯一の解毒剤となりうるような、親密さや安全性といった温かな心地よさを切望している。私に、どん底からの出口を見せ、脱出を助けてくれたのは編み物だった。ある日、親しい友人の子どもに編み物を教えている時に、祖母が私の手に初めて編み針を持たせてくれた時の記憶が蘇ってきた。毛糸、パターン〔編み図〕、祖母の小さな手の中にあった長細いメタルの棒針がもたらす興奮、祖母の指の上にかかった私の指。すべてが同じだった。私は、古代から伝わる入門の儀式、時代や技術に影響されない祭事を執り行っていた。**私はひとりではない。私は、まさに祖母と自分が名づけた孫という美しい裏目の間に存在する表目で、社会の歴史という壮大なパターンの中にともに存在する編み目なのだった。**

この本のイラストを描いたアレサンドラ・オラナウは、私の世界観を共有してくれている。このプロジェクトに参加してくれたのは、編み物が、彼女の死にゆく母と、アレサンドラ自身のお腹にいた娘の間に特別な絆を作ったからだ。母の病床の横で、何カ月にもわたり、自分の赤ちゃんのために編み物をするうちに、糸が絆となって、彼女がもっとも愛する二人の女性をつなぐ存在となった。

この本のためのリサーチと執筆をしながら、私は、自分の人生をゼロ地点から編み直した。けれど、この本は、私についての本でも、編み物のパターンの本でもない。それぞれの章に、メッセージを象徴するパターンがついていて、その他のイラストは、私が大切にしてきた、または私が人生で失ってきた編み物の作品を示している。

これはたぐいまれなる手芸の物語である。私たちが存在するにはお互いが必要なのだということを思い出させてくれる、今こそとても必要な社会の癒やし役。編み物は、私たちの人生の優れたメタファーであり、政治や経済から人間関係まで、私たちが気にかけるすべての事象と関わりを持ちうる。この本の目的は、編み物を用いて、複雑で、大体にして苦痛に満ちた公私の問題を解きほぐし、理解することだ。実存的な不安から解放されるためには、それぞれの人生を一目一目編み続ければいい。

目次

装丁＝名久井直子

イントロダクション
愛、政治と経済を編む

私が最初に編んだのは、ヘッドバンド、それも明るいブルーのヘッドバンドだった。祖母の監督のもと、初めて針を手に取ったのは六歳か七歳の時だったと思う。目を閉じれば、黄金の光のつやの中に、自分のもっとも大切な記憶、私たち二人の姿を思い浮かべることができる。私たちはとても近くに座っていて、私の肘の下に祖母の肘があり、彼女の大きな体が私の左半身を温めている。私は興奮している。どういうわけか、私は、これが通過の儀式で、大人、女性になるための旅の第一歩なのだということを理解していて、喜んでそれをやろうとしている。緊張もしている。指の間の糸が逃げるのを恐れるかのように、ありったけの力で押さえつけている。祖母は私を見て微笑み、私の手から糸を取り上げた。針の一本をそっと私の右腕の下に押し込み、もう一本の針を左手に優しく握らせ、糸を右手に戻して、指導を始める。「リラックスして」、彼女は囁く。「糸を強く引っ張りすぎても、引っ張りが足りなくてもいけない。友達のように、針のまわりを踊らせて」。

そうやって私と編み物のラブストーリーは始まった。

私は祖母と編み物をしながら、掛け算表を学び、詩を暗記し、ロザリオの祈りを唱えた。編み目は数字になり、美しい文章を作る言葉になり、聖なるマリアと父たちになって、愛という魔法の布の中でからみあった。祖母が私に知恵を伝授し、その教えが編み目の間から永遠に私を導いてくれるよう、彼女の人生と私の人生を、編み目が結びつけた。その後、二〇代になって、フェミニスト運動の熱烈なメンバーになった時、支援を求めてやってきたトラウマを抱えた女性たちに祖母の教えを話したことがある。針と糸を握り、自分が着る服を編みながら、彼女たちを、コンシャスネス・レイジング〔少人数で語りあうことで自己対話を促す手法〕のミーティングに迎え入れた。

祖母は一九〇〇年に生まれた。第一次世界大戦が始まった時には一四歳で、祖父に出逢った時には一八歳で、第二次世界大戦が始まった時には三九歳で、私が生まれた時は五五歳で、夫を失った時には、五九歳だった。戦争の惨禍を一度ならず二度目撃し、ファシズムに耐え、イタリアの抵抗運動に参加し、イタリアの民主主義の誕生を体験した。祖母は、読み飽きることのない、生きる歴史の教科書だった。

祖母のストーリーは驚異的だった。恐ろしくて、悲しくて、そうは言ってもハッピーな上に、何よりもリアルだった。一緒に編み物をしながら、物語を聞かせてくれた。私は、世界がどのようにして国際的な対立に陥り、彼女の兄弟や未来の夫が、邪悪な敵と戦うためにどのように前線に行進していったか、ストーリーに耳を傾けることに取り憑かれた。彼女の声は誇りに溢れていて、防空壕の恐ろしさや寒さ、泥や飢えに満ち、ネズミたちの存在に苦しめられた体験の恐怖を曖昧にした。祖母は、戦争の恐ろしさや前線で起きる非人間的な行為を隠そうとはしなかったが、こうしたことを、人の命と政治が織りなす予測できないパターン〔編み図〕という文脈の中で語った。戦争は、極端に難しい編み目のようなものだった。ひとつの動きも飛ばしてはならない、一目一目に勇気と決意をもって対峙しなければならない。彼女のリアリズムのおかげで、平和は与えられるものではなく、平和を守るためには、自分は社会のアクティブなメンバーである必要がある、ということを理解できて感謝している。

私は、表目と裏目とを編み続けるうちに政治に恋をしたのだった。

当然のことながら、ストーリーの中の最大のヒーローは、祖父だった。祖父は、第一次世界大戦中、もっともタフな前線のひとつだったアルプス山脈のオーストリア国境に近いカルソ地方で戦った。その地の塹壕の中で、祖母の兄弟のひとりに出会い、良き友になった。ふたりはとても親しくなり、祖母が前線で着るための衣類として編んだ、ベストや靴下、帽子やスカーフ、時にはロングジョン〔冬季用の下着〕やセーターさえも共有し、白雲石地帯の凍える冬、軍服の下に着用した。

一九一七年、敵からの攻撃の最中に、祖母の兄弟は死亡し、祖父は重傷を負った。祖父がついに回復した時、戦争は終わっていた。彼はローマに行き、死んだ友人の家族を訪ね、そして塹壕の中で、自分に暖を与えてくれた謎の女性に感謝を伝えようと決めた。彼は、ドイツ軍の手榴弾が当たった時に穿いていた、カラフルなストライプの厚手の靴下を持ち帰っていた。それが女性が送ってくれたものの中で、唯一残っていたものだったのだ。彼は、その女性に、洗っても取れない靴下の血の染みについて謝った。彼女は、兄の手紙から、彼が誰なのかを知っていたが、自分が編み物をしながら彼に恋をしていたことに、また彼の方も、彼女が編んだものを着用しながら、彼女に恋をしていたことには気づいていなかった。

編み物は愛の行為である、と、祖母はよく言っていた。自分のラブストーリーの独特さを、軽く見せるためだったかもしれない。祖母は、自分が例外であると感じたり、目立ったりすることを好まなかった。二〇世紀の初頭に生まれ、女性に慎ましさが求められる社会の中で、与えられた特定の場所を、疑問に思わずに受け入れた。けれど、私と一緒にいる時は、女性に与えられた檻の中のような地位から逃避し、知性に溢れる心を開くことができた。私たちは、針の翼に乗って、誰も知らない特別な場所に空高く飛ぶのだった。私は、北極のど真ん中に暖かく編まれたイグルー〔雪や氷のブロックで作られた住居〕を想像した。

氷原に囲まれた空洞の中では、私たちは自由で暖かで、そして、世界を作り直すことができるのだった。

「眠り姫の本当のストーリーについては話した？」いとこのためのベビー・ブランケットを一緒に編んでいたある日、祖母が聞いてきた。興奮いっぱいで目を見開いた私は、首を横に振った。「覚えているかしら」と、彼女は話し始めた。「オーロラが生まれ、七人の妖精がそのゴッドマザーとして選ばれたのだけれど、王様と王妃様は、一番年上の妖精のことを忘れてしまった。死んだのだとばかり思っていたから」。

「オーロラの洗礼式に、年上の妖精が突然現れ、みんなを恐怖に陥れた。彼女はそれはそれは怒っていた。贈り物を持ってくるかわりに、赤ん坊に呪いをかけた。そして予言した。オーロラは一六歳になると、糸車の紡錘に指を刺し、死んでしまうのだと。幸いにも、七人目の妖精がまだ贈り物を渡していなかった。悪の呪いを帳消しにすることはできなかったけれど、それを弱めることはできた。オーロラは死なず、でも王子様のキスに起こされるまで、一〇〇年間、眠っていた」。

私たちは編み物の手を止めた。私は、次にどんな展開を迎えるのかに興奮していたし、祖母は、もっとも人気のある妖精の物語のひとつを書き直す作業に夢中になっていて、針のまわりに糸を踊らせていた手を休ませなければならなかった。

「それで？」私は言った。

「それで」と、編み物を再開しながら祖母は言った。「娘を恐ろしい呪いから救うために、王は、王国にあるすべての糸車と紡錘を、焚き火で燃やしてしまうよう命じた。これは大きな過ちだった。オーロラが生まれた王国は、外の世界からは質の良いウール、シルク、そして美しく編まれた衣類の産

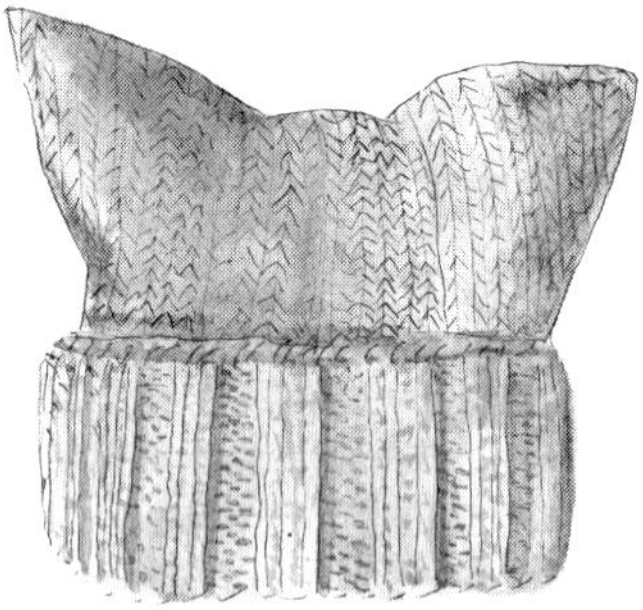

地として知られていた。人々が世界中からやってきて、買い物をしたり、王国と取引をしたりしていた。ウールやシルクの販売は、利益を生み出す優れた商売だったから、王国の民の大半はそれで生計を立てていた。紡績が禁止されると、その両方が崩壊し、王国の経済に酷い結果をもたらした。羊飼いは毛を売ることができなくなり、羊を飼い続けることができなくなった。蚕は放置され、死んでしまった。編む人たちは、糸を手に入れることができなくなり、編み物をやめた。人々の生活は冷えきり、貧しくなった。年月が経つにつれて、苦々しい気持ちが王国を疲弊させていった。人々は紡績を禁じた王に対して怒りを抱き始めた。そしてコミュニティに持っていた信頼を失い、わずかに残ったものを盗みあうようになった。オーロラの誕生の時にはハッピーで、豊かで、友好的だった王国は、彼女が一六歳になる頃には、怒りに満ちた、惨めで氷のように冷たい場所になっていた」。

「オーロラは、その運命から守られ、城の中に閉じ込められていたから、王国で何が起きているのかを知らなかった。王と王妃が、呪いのことを彼女に話すことを禁じたから、彼女自身は自分がこの変貌の原因であることも知らなかった。一六歳の誕生日、オーロラは、城の中の小さな部屋で、ウールを糸に紡ぐ老女に遭遇し、毛が形を変える様子にすぐに夢中になり、自分でやってみたいと望んだ」。

「オーロラが誤って指を刺し、彼女の最初の血の雫がこぼれて、糸を汚した時、オーロラは眠ってしまった。王と王妃は取り乱して、娘の体を寝室のベッドに横たえて、一番貴重なニットのブランケットで包み、頭を冷やさないようピンクの帽子をかぶせ、別れのキスをして暗い気持ちで王国を離れた。オーロラが起きる頃には自分たちは死んでいるだろうけれど、娘に何が起きるのだろう？と。呪いを抑えることができた妖精のゴッドマザーにはアイディアがあった。その頃、王国は、生きることに必死で、薄情な人々が暮らす、冷たい廃村のようになっていた。農家の人々が農業をやめてしまったから、田園地帯は不毛になっていた。木こりがいなくなったから、木は茂っていく一方だった。人々の中に残された善は消滅しようとしていた。オーロラをそんな場所に一〇〇年もの間、残しておくわけにはいかなかった。だから妖精のゴッドマザーは、新しい呪文をかけた。みんなを眠らせ、王国を凍らせて、木の成長を早めて城を隠し、オーロラと人々を長い眠りの中に残した」。

「一〇〇年の間、王国に近寄る人間はいなかったけれど、ある時、世界で一番質の良いウールとシルクの衣類を作っていた王国が消滅した伝説に惹かれた若い王子が、王国を探すことを決めた。王子は、何年もかけて、大陸のほうぼうを旅し、それはそれは年をとった老人に出会って、王国に案内してもらった。老人が、王子に、眠り続ける姫の伝説を話した」。

「ついに城にたどり着いた時、王子はオーロラが眠っていた部屋を探した。彼女を見た瞬間に、恋に落ちた。気持ちの高揚に動かされて、彼女にキスをし、呪いを解いた。オーロラと王子は、まもなく結婚し、共同で王国のウールとシルクの産業を蘇らせ、世界一質の良い生産国としての地位を築いた。特にピンクの帽子が大ヒットして、それを商品のロゴに使うことにした。暮らしは繁栄し、人々は再び幸せになった」。祖母は微笑みながらストーリーをこう結んだ。

そうやって、私は編み物をするうちに、経済に恋をした。


表編み、裏編み、裏編みと表編みの繰り返しは、私の人生の実験室だった。間違いを犯した時は分析せよ、と、祖母から教わった。すでに編んだものをほどかずに、直すことはできるのか？　それとも思い切ったアクションが必要なのか？　間違いは、編みが進むほど大きくなるから、対処し、解決しなければならない、と祖母は繰り返した。さもなくば、間違いは、完璧な仕上がりの残りの部分に比べて目立ってしまうし、放置すれば直すためにほどかなければならない部分が増えてしまう。

夫の不安定な行動の兆候や、彼が抱えていた問題の小さな兆しが見えた時、祖母の教えに従っていたらよかった。私の結婚のパターンには穴が現れていたのだ。糸が抜けてしまったところから、穴を閉じることはできなかった。修復するためには、自分が編んだものをほどかなければならなかった。わかっていたはずなのに、穴を無視することを選択し、それがなくなることを望みながら、目立つ大きさになってすべてを脅かし、自分の作業の美しさを覆うまで編み続けてしまった。

優れた編み手は、大きな間違いを直すために自分がした作業をほどく勇気を持っている。糸と針が手の中にあり、後戻りしたり、やり直す勇気が心にありさえすれば、何だって直すことができるのだと知っている。優れた編み手には、知恵がある。

私は優れた編み手ではない。より良い編み手になりたいと望みながら、むしろしょっちゅうくじけるまあまあの編み手である。けれど、何かを投げ出す人間ではない。ついに結婚を解消した今、表編みと裏編みを繰り返し続ける限り、祖母の、そして彼女のずっと前から編み針を通して知恵を伝承してきた女性たちの教えを覚えている限り、私の人生のパターンは最終的に改善するのだということを知っている。

自分の人生の難しい局面にあっても、自分はひとりではないことを、私は知っている。魔法の糸は、私たち全員を、時間と空間を超えて結びつける。あとは手にとって、編み始めれば良いだけだ。

1　なぜ編み物をするのか

編み物の創世記は、森羅万象や人間の誕生と同じように、はっきりしない。人類がどうやって編み物を始めたのかを証明するものはない。確かにわかっているのは、始まりから時間をかけて発展し、最終的には、人々の生活に不可欠なものになったということだけ。人類の歴史のように、編み物の歴史は第二章から始まるから、第一章は、様々な解釈にまかされている。このわからなさが気やすくもある。私たちは物語の始まりを、書いたり、書き直したりすることができるのだから。

たとえば祖母は、「創造の物語」を信じていた。神は、最初の六日間まるまるを、すべてのことを整理するために忙しく過ごしたから、七日目は休まなければならなかった、と彼女はよく言った。けれど、創世記の細部を変える誘惑には勝てなかった。祖母はイブがアダムの肋骨から登場したと信じて疑わなかったが、彼女によれば、イブは好奇心が強く、りんごの木を触らずにはいられなかった。イブがりんごを手にとったのは、味を見たかったからであって、誰かに言われたからではない。ヘビの物語〔アダムとイブがヘビにそそのかされて禁断の果実を食べた、という旧約聖書の逸話〕は、祖母によると、女性を弱く見せるためのトリックだった(彼女は私が初聖体拝領式の長々とした準備の最中に混乱するのを避けるために、式が終わってからこの説明をした)。言い換えれば、イブには、自分の意志を行使することができる強さがあった。一方、アダムには、意志はなかった。年を取るにつれて、イブの不服従についての祖母の解釈が、男たちに支配され続ける世界における安らぎと強さをもたらしてくれた。自分を信じること、本能に従うことを教わり、恐怖を克服することができた。

編み物の起源について調べるには、想像力が必要だ。古代の書物や記録には、編み物という手芸についての記述がない。前近代の言語には「編む(to knit)」という言葉はなかった。オックスフォード英語辞典完全版にこの言葉が最初に登場するのは一五世紀になってからで、ヨーロッパの言語に登場したのはルネッサンスが起きた後だった。紡ぐ、織る、という言葉は、それよりかなり前に登場していて、高貴な手芸と見なされ、古代の詩や文学においても賞賛されてきた。

なぜだろう?

何十年か前に、ペルーのアンデス山脈をバスで旅していた時、考古学専攻のフランス人学生が、今でも私にとって最良の説明をしてくれた。それは、編み物はプロレタリアの手芸だから、ということだ。

その人の名前はフィリップといって、コロンブス到来以前の工芸についての論文のためにリサーチをしていた時に、知己を得た考古学の教授に会うためにクスコに向かっていた。正直にいうと、彼がバスに乗りこみ、唯一の白人女性である私の横に座った時、よくいるフランス人のナードだと思った。

小さなメガネ、茶色いスエードの紐靴、清潔そうなジーンズ、白シャツ、ダークグリーンのVネックセーターと、タイトな茶色いジャケットを身につけていたから。彼が自己紹介をし、自分の論文について語り始めた時も、大した注意を払っていたわけではなかった。けれど、彼が編み物について触れたことをきっかけに話に参加したところ、すぐに興味深い会話が展開していった。

フィリップによると、紡ぎや織りが登場する前、人々はノールビンドニング(nålebinding)――これはもともとデンマーク語だと彼は主張した――という初歩的な編みの方法を使い、魚網を作っていた。当時の人々は、そのきわめて粗く、紡がれていない短い紐を、一本の針でつなぎあわせて使っていた。やや当惑する私を見て、「見たことあるはずだよ」と彼は言った。「漁師たちは今も魚網を修理するために使っている」。この技術が、生地を作るために適用されるようになった。「考えてみて」。彼は言った。「すべてのいちばん始まりの時代、人間は食糧を見つけ、自然から身を守らなくてはならなかった。ノールビンドニングはその両方に解決策をもたらした」。つまり、編み物は、最初から人類とともにそこに、つまりサバイバルのための道具の中に存在していたのだ。

最近になって、大英図書館でたくさんの時間を過ごすうちに、フィリップの魅惑的な編み物史の年表と、それにまつわるディテールのいくつかを再構築することができた。編まれたテキスタイルの最古の切れ端は、紀元前六五〇〇年頃のもので、イスラエルの洞窟の中で発見された。紀元前四二〇〇年までに遡ると言われるもう一枚の切れ端は、デンマークの漁村にあった。最初の布片は、中東の土壌の熱から人々を守るために作られた衣類の一部、ひょっとしたら靴下の原型に似たものだったろうか？　そして二枚目は、北欧の海の寒さと風から、持ち主を守ったのだろうか？　フィリップはそう考えた。

紀元前一〇〇〇年になる頃には、ノールビンドニング手法は、編みにかなり近い形になり、それは、中東、欧州、中央アジア、南米と、そこら中で行われるようになった。フィリップは、紀元前三〇〇年に地域の部族が編んだ帽子とショールについて調査するために、ペルーに滞在していたのだった。

一本の針から二本の針を一度に使うようになったノールビンドニングから編みへの移行は、文明のゆりかごだった中東で起きた。その動機は？　経済だった。

当時、エジプト人たちは、編み手としてよく知られ、編んだ靴下で活気ある貿易を行っていた。より早く、より安く靴下を作る実験を重ね、新しい技術を考案した。紀元後四〇〇年には、編みが繊維の市場を独占し、ノールビンドニングは姿を消した。そのわずか一〇〇年後には、北アフリカの遊牧民の部族が、古拙な輪針と長方形の木枠を使い、ボビンを用いる技法に似た方法で編みを行っていた。

フィリップが、ペルーの山を越えるバスの中で、二本の針で編むという行為は、産業革命のお膳立てをした多軸紡績機の先祖だと興奮して話していたのを覚えている。おかげで生産がより早く、より安くなり、それにより売上が増えたために、より多くの人が編まれた衣類を買ったり、また自分で編んだりするようになった。彼は、乗客の色鮮やかな、しかもほとんどが手編みの衣類を指差した。編み物は手芸界のプロレタリアートだ、という彼の意を完全に理解したのは、その時だった。編み物は、最初から必要に応じて考案された。魚を捕るのを助けて私たちに食べ物を与え、衣類を着せて熱や寒さから守るために。編み物は、私たちが生き残るための道具であり、だからこそ経済的行為と見られてきた。編まれた商品は、交換したり、売ることもできたので、先史時代の部族にとって価値を持った。

刺繍やタペストリーが登場したのはもっと後だが、サバイバルの道具箱と最低限の経済から出てきたものではなかった。こうした手芸は、人々が創造性を芸術的な制作に傾けられるようになってから登場し、主に、美しい、必需品ではないぜいたくを楽しむことのできるエリートによって、またエリートのために行われた。

「『オデュッセイア』で、ペネロペが作った装束は、なぜノールビンドニングではなく、織り物だったのだろう?」フィリップは、一息入れたあと、私に聞いてきた。「編みは、貧乏人と労働者と奴隷の手芸だったから」と私は答えた。「それは正しい」と彼は続けた。「ペネロペは高貴な女性だった。家族に衣類を着せるために編み物をしたわけではない。憧れを集めるために、美しいショールと装束を織った。でも理由はもうひとつある。ノールビンドニングは、早くて、実用的で、具体的な目的に応えるために行われた。ペネロペが、昼間に編み、夜はほどくということを何年も続けるなどという物語は誰も信じないだろう」。

編み物は、経済的な行為として、二本の針を使う技術が決定的な突破口となったことで世界中に広まったが、ヨーロッパ史は編み物を無視し続けた。「なぜかしら?」とフィリップに聞いた。「エリートたちが編み物に関心を示さなかったからだよ」というのが、彼のマルクス主義者としての答えだった。

技術革新から変革が生まれるには、経済的な条件が正しく揃う必要がある。紀元後四〇〇年頃、編み物商品の潜在需要は、支払うお金を持たない人たち、つまりプロレタリアートの先祖にしかなかった。人類の歴史には機会の損失は多々あったが、編み物がヨーロッパで利益を生み出す産業になり、歴史書の中に場所を与えられるまで、さらに一〇〇〇年もかかったのだった。

高価な編み物商品の最初の重要な顧客はカトリック教会だった。輸入されたシルクや綿の枕や典礼用の手袋など、生活に不可欠ではない物品を購入した。十字軍の時代には中東にラグジュアリーの品を注文したかもしれない。編み物が、最初の数千年の間、中東で実践された手芸だったことを示す証拠がある。同じ頃、カトリック教会は、中東や極東から、精緻に編まれた商品を購入し、宗教画に編み物が登場する。一三五〇年には、北イタリアで編み物をする聖母の姿が描かれ、後には、その姿がドイツに現れる。歴史学者たちは、ヨーロッパの編み物が、おそらく十字軍を通じてイスラムから輸入されたという広く信じられる説を補強するために、編み手が右から左に目を立てたことが、アラビア文字が書かれる方向と同様であることを根拠として指摘してきた。

フィリップは、この歴史の再構築を信じていなかった。世界の反対側のペルーの部族たちは、イスラム誕生よりも何世紀も前から右から左に編んでいたし、キリストが生まれる四〇〇〇年前には、デンマークでノールビンドニングが行われていた。人々はどこでも編み物をしていたし、その場所には人里から遠く離れた地域も含まれていた。それが意味することは、歴史上のいくつもの大移動の最中にも、手芸は男と女たちが携えていたもののひとつだったということだ。けれど、編まれた繊維は通常数百年ももたないため、人々が何世紀も編み続けていたことを裏付ける証拠はほとんど存在しなかった。

大英図書館で、フェロー諸島の物語に出会った。北大西洋のアイスランドとノルウェイの間に位置する一八の火山島からなる小さな島の集まりについて、フィリップが話していたことは覚えていたが、何を聞いたかを忘れていた。フェロー諸島には、紀元前三〇〇年にまで遡って人が住んでいた考古学的証拠がある。その数百年後には、羊の大群のおかげでウールが潤沢にあった島々に、アイルランド人の修道士たちが、編み物をもたらしたことがわかっている。バイキングが諸島を植民地化し、羊を連れてくる前のことだ。ローマの聖職者たちが中東のクッションや手袋に恋をする数世紀前に、フェロー諸島の女性たちは、家族や部族に衣服を着せるために、地元の羊のウールを紡ぎ、編んでいた。その後、何世紀にもわたり、彼女たちは周りの自然環境の際立った美しさをパターンに表現した。グレイ、白、チャコールの色が交差し、フェロー諸島の雪に覆われた丘や崖の光景を想像させるものだった。フェロー諸島の伝統的なセーターには、登場した頃から、肩から首にかけて、山頂を思わせるような色の輪が描かれていた。袖

の端、手首のすぐ上、そして裾には、同じモチーフがついていた。セーターの残りの部分は、いつもライトグレイ、白、茶色といった中間色だった。諸島の山々の四季は、年間を通じてこうした彩りをしていた。

乗っていたバスが、クスコから一〇〇マイルほどの村落で小休止した時、フィリップと私は会話を中断し、他の乗客とともに下車して足を伸ばした。午後の遅い時間で、太陽が緑の山の後ろに姿を消そうとしていた。夜が急速に近づくとともに冷たい空気の湿った匂いがし、コートの下で体が震えたことを覚えている。ペルー人によれば、アルパカのウールの中でも、アンデスの高地に住む種から取れるウールは、特別に柔らかく、ふわっとしていて、紡がれ、編まれると、山地の湿気や凍てつく雨から体を守る軽くてしっかりした防壁になる。この糸の羊の油が雨粒をはじき、着る人を乾いた暖かい状態に保ってくれる。北半球では、フェロー諸島のウールと同じ特質が、何世紀にもわたり漁師たちの体を濡れないように守っていた。

編み物においては、自然がすべてである。ウールという天然の資材を糸に紡ぎ、布状にして、雨、雪、風、太陽から守る。それは人間の創意が大きな役割を果たす相互作用である。ウール、コットン、シルクといった原料を、人間の体を温めたり、冷やしたり、基本的なニーズを満たす何かに変える。驚異的なことに、この自然からの贈り物は、標高が高い場所のウール、ナイル川沿いのコットン、極東のシルク、と場所によって姿を変える。そして、それぞれの地域の人々の具体的なニーズを満たす。中東では、砂漠の熱から身を守るためにコットンを編む。アンデスでは、暖を保ち、乾いた体を守るためにアルパカのウールを使う。唯一、常にあるのは、私たちの創造性と自然との相互作用だ。

イブのことを考える。考えるのは、彼女の不服従ではなく、好奇心のこと。自然からの贈り物を自分のものにするということは、自由意志の行使である。選択的な行為であり、責任でもある。何かを無駄にしないためには、行動を計画する必要があるからだ。男と女たちが、魚網や生き残るための布を作るために紡績と編みを考案した。彼らは、その過程で自然を壊さずに、その恵みを改良した。人生もまた、自然の恵みであり、生きることは、永遠に自由意志を行使し続けることでもある。偉大なる責任であり、損なわないための行動計画を必要とする。間違った角を曲がれば、道から外れることもあるけれど、人生を台無しにするとは限らない。私たちは難しい教訓を学ぶことができれば、知識を得て、より強くなる。優れた編み手は、間違いを宝のように扱う。特別な記憶の箱に入れておいて、ときおり記憶と知恵を新たにするために、その箱を開ける。私は、優れた編み手になろうとしているけれど、先はまだ長い。

一四歳の時、ビーチで友達の大きなグループ《コミティバ》の一人だった男子と知り合い、思いを寄せた。私より二歳年上だった。私たちはカップルになった。夏が終わったあとも、土曜の午後に会い続けたけれど、そのうちだんだん彼が嫌になった。素晴らしかったはずのラブストーリーが、恥ずかしいものに変わってしまった。関係を打ち切ろうとしたが、彼はそれを望んでおらず、私は彼を気の毒に感じていた

ので、何週間も関係を引きずった。潔い関係の終え方を知らなかったから、臆病者の振る舞いをした。万事うまくいっているのだと自分に言い聞かせた。

「袖なしのセーターを編みなさい」と、祖母は気軽に提案した。「セーターの呪いは失敗しない」。ほとんどの編み手は、この呪いを知っている。ボーイフレンドや婚約者が夫になるまでは、セーターを編まないこと。編み手は、多くの婚約がこの呪いによって壊れたと信じている。呪いは成功した。彼に、わざとタイトで痒い袖なしのセーターを編み、完成する頃には、彼は私と別れていた。自由に戻ったと告げると、祖母は「ほらね」と笑顔で言った。「セーターの呪いはまだ有効。でもね」と付け加えた。「次回は自分に正直に、ただ本当のことを言いなさい」。祖母は、恐れのない人だった。素晴らしい編み手にふさわしく、ライオンのような勇気をもって人生に立ち向かっていた。

自分の結婚についても、自分自身に、そして家族に対し、もう何年も前に正直であるべきだったけれど、私は大惨事が起きるまで、何もかもがうまくいっているふりをした。若き日の、失敗した関係にまつわる恥ずかしい思い出から五〇年近くが経った後、自分に正直になろうとしないという同じ理由で、はるかに大きい問題に直面している。今回は、セーターの呪いは役に立たない。問題を自分の手に取り戻し、財政破綻と離婚を編み抜け、自分の人生を立て直さなければならなかった。

アンデスでは、アルパカ飼いが、バスの乗客たちが向かった小商店へと私たちを追い抜かし、広場に群れが残された。アルパカたちは、私たちを取り囲み、靴に唾を吐いたり、おかしな声を立てたりした。自分のジーンズにアルパカたちの厚いウールのコートの存在を感じるようだった。

フィリップが「羊飼いは、もっとも古い職業のひとつなんだ」とアルパカの毛に指を通しながら言った。「聖書は、羊飼いの物語で溢れている。羊はミルク、肉、ウールのために使われていた。この三つが厳しい条件の環境を生き延びるために必要だった」。何年も経ってから、イラクの砂漠で、彼の言ったことの意味を理解した。

一九八〇年代の終わり頃、私はシリア国境近くの巨大なリン鉱業地帯アル・カイムと、後にイスラム国に掌握され、失われたモスルの間の砂漠を横断した。当時、私はロンドンの原材料関係のコンサルティング会社で働いていて、イラク政府からリンの生産について調査を依頼されていた。ガイド兼ドライバーは、リン鉱山の管理をするイラクの原油会社の輸出担当マネジャーで、名前はアル・ジュキフィといった。

鉱山で働く人たちを収容する施設を後にし、北東に向かいながら、アル・ジュキフィは、自分もこの地に生まれたから、地域のことはよく知っている、と言った後、でも、と付け加えた。今、砂漠に住んでいるのはベドウィンだけなのだ、と。

平坦な礫《れき》砂漠を、動かないように見える地平線に向かって何時間も走った。道も、木も、家も、目印もなかった。方向感覚を失うほど同じ風景が続いたが、ドライバーはどこに向かうべきなのかわかっているようだった。ある時、地平線の上に羊の群れに囲まれたベドウィンの集団が現れた。アル・ジュキフィは、彼らが冬の牧草地から夏の牧草地へと移動しているところだと説明した。「牧草地？」と私は聞いた。「どの？　砂漠にいるというのに」。彼は笑い、延々と続くように見える砂と石の線を指差し、「ここには羊の群れに十分な食べ物があるんだ」と言った。後になってから、羊が、石や岩の間に育つ少しの草を食べるだけで、水を飲まずに何日も生きることができることを知った。遊牧のベドウィン、そして先史時代の先祖たちの必要最低限な経済にとって、羊は、完璧な家畜なのだった。

砂漠で見知らぬ人に遭遇することは、派手に祝うべき大事件らしく、私たちは昼食に招かれた。テントが立ち、絨毯が敷かれ、スツール、枕、小さなテーブルが登場した。水のジャグやヨーグルトが出され、火が焚かれて、食事が調理された。歓待の食事が準備される様子を驚嘆の気持ちで見つめながら、この部族の持ち物のほとんどが羊の群れからできたものだとわかった。テントは、ヤギの毛と羊のウールで織られた長い紐で組み立てられていた。女性たちが紐を作り、縫ったのだと教えてもらった。テントの中の女性たちの場所であるプライベートな空間と、男性たちのパブリックな空間は、キャメルの毛を使って織られたカーテンで仕切られていた。食べたのは、中東と北アフリカの代表的な羊の肉だった。口にしたミルクとヨーグルト、チーズの凝乳は、羊やヤギから作られたものだった。火と釜には、動物の糞がくべられていた。

食事の後、一角に編みのブランケットが積んであるのが目に入った。見せてほしいとお願いすると、部族のリーダーが、彼のきょうだいである中年の女性を呼び、私に見せるように指示した。ブランケットは美しく、テントと同じような幾何学模様のパターンと色をあしらっていた。太い箇所や羊毛脂を取り除き、糸を細く、柔らかくするために、特別な方法で紡がれているのだろうと考えた。屋内用のブランケットだった。どんな種類のウールを使ったのかを尋ねると、女性は、質感がとても細かい羊の首の後ろから、手でむしりとられたものだと教えてくれた。それから何年も経ってから、シェトランド諸島の最北にあるアンスト島で、似たテクニックに出会ったことがある。一般的に結婚祝いとして贈り物にされるレースのショールは、羊の首から手でむしり、細かく紡がれたウールで編まれる。編みの目はとても細かく、ショールすべてが指輪の間を通るほどだ。

イラクで見たウールは、それほど細かくなかったが、同様に軽かった。ブランケットはすべてリバーシブルで、両側に対称の幾何学模様の画があしらわれ、糸のつなぎ目はほとんど見えなかった。直径二ミリ以下の細い小さな針で編まれたのだろう。そしてひとつひとつを完成させるのに長い時間がかかったに違いない。冬の間、ブランケットは、テントの内部で大きなショールのように暖を保つために使われるという。それを編んだ女性に賞賛の言葉を伝えると、リーダーが一枚を贈り物として私に差し出そうとした。言葉がなかった。

アル・ジュキフィが、贈り物を断ることは部族を侮辱することになると警告していた。そして、お返しに贈り物を渡すことを提案した。ベドウィンの自給自足の経済において、物々交換は心臓の鼓動のようなものだ。荷物から大きなシルクのスカーフを取り出し、部族のリーダーに贈り物として差し出した。彼はこれを受け入れ、隣に座っていた男たちに渡した。彼らはそれぞれスカーフに手を滑らせ、触感を楽しんでいた。女性たちは、キャメルの毛でできたカーテンの後ろから見守っていた。

イラクの砂漠を突き抜ける旅を再開しながら、アル・ジュキフィに、砂漠で暮らすのは大変だったかを聞いた。彼はこう答えた。「いや、肉、ミルク、ウールと火があって、政府が本と教育を供給してくれていた。他に何が必要なんだ？」

肉、ミルク、ウール、そして糞は、羊の群れによって供給される必要不可欠な物資だ。旧石器時代の先祖たちは、アル・ジュキフィに賛成するだろう。他に何が必要だというのだろう？と。聖書に羊飼いの物語が溢れているのには理由がある。人間を生きながらえさせた古代の高貴な職業だからだ。フィリップは正しかった。羊は、アイスランドからフェロー諸島まで、どれだけ過酷な環境でも、ほとんどどこにでも見つかる、優しく、平和的な動物なのだ。

フェロー諸島の冬は過酷と言われる。日照時間は最短で四時間ほどになることがあり、雪は多く、北極の風が地面を高速で吹きつけた。そのせいで丘や山は剝き出しだった。けれど砂漠と同じように、雪の下の石と芝の間に、羊が生きていくのに十分な餌があり、肉、ミルク、ウールと、火にくべる糞があった。イラクの砂漠では、生活が最低限の物資を中心にまわっていた。一方、フェロー諸島では、人々は魚も手に入れることができた。

少し前に、ヘジン・ブルーの『老人と息子たち』という、フェロー諸島での人生についての有名な物語を読んだ。その地方でおそらく一番人気のある小説で、肉、ミルク、ウール、火、そして魚という五つの必要不可欠の物資が登場する。二〇世紀の初頭が舞台になっているが、島の暮らしは、過去の世紀からほとんど変わっておらず、色褪せることがない。物語は、ある夏、フィヨルドの内側に鯨が流れ着いたところから始まる。丘の上に住んでいる人たちは、収獲のために海へ急いだ。その一人が年老いた漁師のケティルで、一一人いる息子の中で、唯一今も同居している末っ子を連れていた。

鯨の屠殺は、必要な作業とはいえ、きついものだ。鯨の肉は、人々の飢餓の可能性を遠ざけるが、この美しい動物が解体される様子を見るのは、誰にとっても辛い。自然が与え、人間が受け取る。けれど、私たちが自然の贈り物をどう受け取るかが重要だ。数時間前には海で自由に泳いでいた動物を好んで殺す人はいない。この物語では、収獲が終わった後、参加者たちがその日行われる肉のオークションに参加する入場券を受け取る。ケティルは友人と会って酔っ払い、高すぎる額で入札してしまう。息子はケティルが家族の財政を破綻させるのを信じられない思いで見つめる。

ケティルが自分のしたことを理解した時には手遅れだった。次の春までに肉の代金を払わなければならないが、足りるほどのお金はなかった。落札金を支払う方法を見つけなければ、家とささやかな所有物を失うことになる。そうして、資金援助を探す旅が始まった。結婚した子どもたちは援助を拒んだ。彼らは、面倒を見なければならない自分の家族がいる、と言ったが、本当の理由は、ケティルの妻と義理の娘たちの間の古い確執だった。友人だと信じていた隣人にも断られた。

ケティルと末の息子は、漁をしてお金を稼ごうとした。夏の間はほとんど毎日、海に出かけた。しかし収獲はいつも乏しかった。ついにケティルと妻は、アイディアを思いついた。市場で大量のウールを買い、紡いで糸にした。ケティルの妻がセーターを編むと、よく売れた。けれど春がきて、その利益が負債に足りないことを悟った。この本は、夫婦が唯一所有していた牛が子牛を産み、売りにだされるところで終わる。子牛から乳を絞れるようになるまで二年は待たなければならない。ミルクがなければ、売ったり食べたりするチーズを作ることはできない。

ケティルと妻にその後、何が起きたのかはわからない。物語は、結末を迎えないまま終わっている。二人が生き残り、牛と編んだセーターの利益が、彼らを持ち堪えさせたのだと思いたい。私が、今書いているこの本が、同じことを自分に与えてくれると期待しているように。

彼らにとって、そして私にとって、編み物は、正気を保つための糸であり、夫たちの判断ミスのおかげでもたらされた金銭的な大惨事を払いのけるための自然からの贈り物だ。糸は、海で迷子になることを防いでくれるロープで、同時に、安心をもたらしてくれる存在でもある。

ケティルの妻が、フェロー諸島の厳しく暗い冬の間、絶望からではなく、希望をもって、昼夜を通して、糸を紡ぎ、編み続ける様子を思い浮かべることができる。自分自身が、この冬、夫の負債を支払うために、読書をし、編み物をし、編み物について書き、編み物をし、ということを意志と希望をもって実行するのだ、と想像できるのと同じように。ケティルの妻が、義理の娘たちによる援助の拒絶を押しやったように、私も、義理の子どもたちが私のニーズに関心を示さないことに注意を払ってこなかった。人生で一番暗かった時期に、この本に集中することが、喜びと安心を与えてくれたのは、編むこと、書くことを愛しているからだ。この二つは、私の痛みを癒し、退却先に選んだ孤独の中で、私の相手をしてくれ、麻痺した感情を和らげてくれた。

編み物は、ケティルの妻と私が、絶望を癒すために、サバイバルキットの中から選んだ道具なのだ。

私の糸は、まだ粗い。私はまだ始まりの時期を生きていて、回復は遠い。けれどウールは、何十年も前にアンデス山脈で撫でたアルパカのコートのように柔らかく、ふわっとしている。触れることで、励みを与えられる。力をもらえるのだ。このような美しいウールは、と考える。それが人の目を奪うような糸になって、美しい繊維になる。新しいプロジェクトを始める前に、祖母が言った言葉だ。そしてそれは本当だった。私は、眠り姫のロゴと、チャーミングな王子のウールの事業に刺激され、長い冬の間自分を暖めてくれる紫色のかつらのような帽子を編んだ(巻末のパターン参照)。

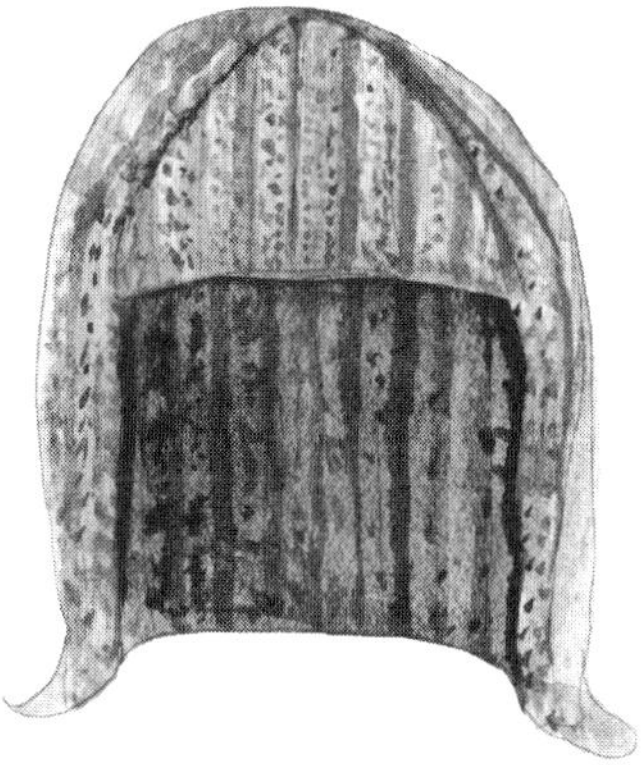

編み物の先史の再現はここで終わる。私のストーリーと、フィリップの調査、そして記録された編み物の歴史がここで出会うからだ。紀元後一五〇〇年頃、もうひとつの大きい進化が起きた。裏編みと表編みが発明されたのだ。編み物はよりスムーズに、よりエレガントに、より簡単になった。イタリアの商人たちが稼ぐ機会を発見し、光沢のある、エレガントで、継ぎ目がなくて穿き心地の良いシルクのストッキングを生産し始めた。ヨーロッパの王族は、文字通り狂気をもって夢中になった。複数のヘンリー八世の肖像画に描かれる

ように、短いトランクスを穿いていても見せびらかせるからと、特に男たちはそうだった。

編み物はファッションの世界に参入し、シルクのストッキングが裕福な業界に拍車をかけた。一五〇〇年代には、貴族や王族といったヨーロッパの富裕層は、編まれた衣類を身につけた。編み物業界は、厳格に男たちのものだった。下着、肌着、ジャケットは、イタリアとスペインの商人たちが経営し、男性だけが労働を許される、現代でいうところのスウェットショップ〔労働条件の劣悪な工場〕で生産された。ともあれ、エリートがシルクの衣類を楽しめる一方、編み物は、ルネッサンス時代の工場で搾取された編み手たちによって実行されるプロレタリアートの行為、労働階級の手芸であり続け、ヨーロッパの商人という新しく登場した特権階級に富をもたらした。その他の地域では、女性たちが、家族に服を着せたり、家計の帳尻を合わせるために、歴史の中で静かに自分たちの場を作っていた。

2　糸の檻を開ける

ある五月の夜、ウェスト・トロントのバーで行われたトゥルー・ストーリーズ・トロントという月例のイベントで、クリス・グラハムというパフォーマンス・アーティストが、自分の母親と、彼女の編み物に対するこだわりについて、オーディエンスに向けて語っていた。

ノバスコシアの小さな村落で生まれたクリスの母親は、同じようにノバスコシア出身だった夫に付いて、トロントに引っ越した。母は父と違って、都会で輝かしいキャリアを追求するために人生を費やしたいと夢見たことはなかった。むしろおそらく、生まれたところに留まることで十分幸せだっただろう。クリスは、母親の人生の早い時期を、どこにどうやって暮らすのかという選択肢がないかのように、都会の喧騒と混雑に閉じ込められた、田舎出身の若い女性の生活として表現した。

その世代の女性の多くがそうであったように、クリスの母は、夫と子どもたちのニーズに適応し、自分の望みを口に出すことも、不満を言うこともなかった。家の管理をし、料理をし、家族の衣類を洗った。そして編み物をした。息子によると、彼女は編まずにはいられない編み手で、手が空いている時はいつも編み物をしていた。電話をしている時、息子がホッケーをしているのを観る時、娘のバレエ発表会に出席する時。パーティーで、バーベキューで、映画館でと、どこにいても彼女が編む姿を思い描くことができる。当然、彼女は、家族には多すぎるほどのありえない数の編み物を生み出し、息子が言うところの「編み物の生産高」は、チャリティに寄付された。妻であり、母親であることに加え、コミュニティのために編むという行為は彼女という人間に意義を与えた。彼女は、人間は与える物で定義される、他者に貢献できるものがあるから自分には価値があるのだと心底信じていた。編み物のおかげで、この信条を生きることができたのだ。

グラハム家では、父が終日オフィスで働き、夜になると家庭で調理された食事のために帰宅し、だいたい沈黙の中で食事をするという生活が何十年も続いた。子どもたちが成長し、学校に行ったり、スポーツやバレエをしたりする間、母は、彼らを養いながら黙って編み物をした。生活は平穏だった。ある日、彼女は、重い病気を患った。医師たちが、残酷な脳腫瘍を発見し、治すことはできないと診断した。何年もの間、手術、化学治療と放射線治療にストイックに耐えた後、彼女の人生は、糸の最後の部分にたどり着いた。彼女にどれだけの時間が残されているのか、誰にもわからなかったけれど、おそらく丸一年は持たない、数カ月だろうと思われた。この辛い体験の間も、彼女は編み続けた。

あと数カ月しか残されていなかったが、クリスは、母親がトロントに引っ越した頃から通っていた糸の安売りショップに、彼女を連れていった。三階建ての巨大な糸の倉庫のような場所だった。

大きなカートを押す母を追いながら、クリスは彼女が糸を選ぶのを手伝った。棚からウールの毛糸玉を取り、カートに入れたが、母は、この色、このタイプの毛と、心変わりをするので、何度も毛糸玉を棚に戻さなければいけなかった。母は、キャンディショップにいる子どものようだった。

彼ら二人が店の中で、糸の壁、天井まで続く色の爆発に囲まれながら、ゆっくりと通路を歩く様子を思い浮かべることができる。選択肢はいくらでもあった。彼女が先に立って道案内をする。ここは彼女の縄張り、慣れ親しんだ自分の陣地で、彼女は最上級のウールがどこに並べられているのか、一番安い物はどこにあるのか、そして、一番独特な糸はどこにあるのか、すべての秘密を知っている。クリスは、カートとともに彼女の後ろにいて、色とウールの迷宮の中、彼女の先導に従い、そのペースに合わせ、次に彼女が指さす毛糸玉を取ろうと待ち構えている。

それは、毛糸の洞窟の快適さの中に生まれた、とりわけ特別で親密な瞬間だ。クリスの話を聴きながら、この最後の買い物旅が、二人の関係を定義づけるものになったような印象を受けた。母がもうすぐ死ぬことを、ともに知りながら、それでも現実逃避のパートナーとして、カートに毛糸玉を次から次へと積み上げていく。レジにたどり着いた時、二人は何年も編み続けることができるだけの毛糸を携えていた。クリスの母は、死後の世界での人生のために買い物をしていたのだ。

毛糸の玉がカウンターを滑り、レジスターの画面に価格が表示された時、予期せぬことが起きた。この静かでストイックな編み手は、息子、カート、自分の後ろにある糸の壁、色とりどりの壁、他の客たちといったすべてのことを無視して、自分のことを明らかに知らないレジの若い女性を見つめていた。そして、自分は店の常連で、ルイージから——おそらくオーナーなのだろう——いつも割引を受けていると宣言した。割引を要求しているのだった。

若い女性は彼女を無視して、品物の精算を続けた。顔をあげてクリスの母を見ることもなかった。母は、自動精算機から流れる発信音を背にレジ係を見つめ、毛糸の量が割引に足りないのなら、これを見るべきだ、と言った。帽子を取り、自分がこれまで耐えてきたすべての手術によってできた頭蓋骨のホチキスの跡を若い女性に見せるために、頭を左右に向けた。このドラマチックなジェスチャーは、耳を傾けることを要求する涙の叫びだったけれど、レジ係は無視を続けた。

クリスはショックだった。理由は、毛糸屋で割引を受けられなかったことでも、毛糸と価格を処理し続けるロボットのようなレジ係に心と魂がないように見えたことでもなかった。彼は、母の行動に驚いたのだ。それは、彼が自分の人生を通じてずっと知っている女性、自分が育つ過程で、彼の食事をすべて調理し、衣類を洗い、世話をし、自分の意見や不満を言わなかった母親、ほとんど中毒のような状態で、沈黙の中、強迫的に編み物を続けてきた人ではなかった。そこにいたのは、割引を望み、自分にその権利があることを知り、そのニーズを表現する女性だった。彼は人生で初めて、母親が自分の声が聞かれることを要求し、自分の感情に関心を求めている姿を目撃した。彼女には、これまで編み物の手順の裏に隠され、決して言葉にされなかった感情も、意見も、欲望も、ニーズも、喜怒哀楽もあるのだった。

彼女は、沈黙の中でどれだけ苦しんだのだろうか？ と、彼はささやいた。なぜ彼女は、自分のことを決して語ろうとしなかったのだろう？ 彼女が死んだ後、母の自制は、子どもたちにとって、辛い重荷になった。話をしてくれさえしたなら、と。

編み物は、クリスの母親に安らぎを与えていた。ノバスコシアでの、田舎の凡庸で安全な人生という過去と、最後まで好きにならなかった大都市の馴染めない環境という現在をつないでいた。編み物は、彼女の失望、悲しみ、孤独、そして置いてきた生活を懐かしむ気持ちに、薬のような効果を与えた。都会での新しい生活を改善し、与える者という、自ら選んだアイデンティティを築く助けになった。けれど同時に、編み物は、孤独という現実の独房に、自分の手で作った、鍵穴のない、中からも外からも開けることのできない、子どもすら入ることを許されない檻に、彼女を閉じ込めた。

ソーシャルメディアの時代、個人の感情やニーズが誰もが聞ける形で叫ばれる時代に、クリスの母のストーリーは、一見、華やかさに欠けるかもしれない。糸の店でのエピソードは衝撃的でも、夫と子どもに従属する役割を、人生を通じて黙って受け入れたことは、特筆すべきことではないように見えるかもしれない。けれど、本当はその逆だ。クリスの母の物語は、男たちの手による抑圧の中で、女性の真のパワーを示す一例だ。差別に阻害されながら、編むことによって、女性たちが社会や家庭において、カギとなる役割を果たすことを可能にした。クリスの母は見えない存在ではなかった。家庭において、家族という布地がともに成長することを保つ糸という重要な存在だった。家庭で自分の務めを果たしただけでなく、コミュニティに貢献した。本当の感情を、最後の最後にしか見せなかったとしても、彼女の人生は、彼女と知り合い、彼女を愛した人たちに大きな跡を残した。

私の祖母は正しかった。イブは自分の意志で行動した。ヘビの誘惑の話は、イブの自由意志を隠すために、イブを中心から追いやり、歴史の主人公ではなく、脇役にしようとする男性によるトリックだった。何世紀という間、歴史は何度も同じトリックを繰り返してきた。女性たちは同じように、見えない「沈黙の」人生を送りながら、気がつかれないまま、文化を、そして私たちの存在や未来を作る遺産を残してきた。男たちによって書かれてきた近視眼的な歴史は、女性たちが感知できない、重要でない存在であるかのように、関心を払わずに進んできた。けれど、今、編み物の檻はついに開き始めた。私たちはカギを見つけ、真実は溢れ出している。

ウール、紡ぎ、織り、編みは、これまでずっと女性たちのパワーの道具であり、進歩への重要な貢献の証左であり続けた。この糸を握り、新たな世界の夜明け、アメリカの植民地の誕生、大英帝国からの独立戦争を起点に、真実を明らかにしよう。これは祖母から受け継がれた物語ではない。彼女自身も、この知識は持っていなかった。これは、私が語る物語だ。

ウールは、大英帝国の経済的、商業的パワーの発展に大きな役割を果たした。最大の業界のひとつだった繊維業界は、産業革命の原動力だった。アメリカの植民地で生産されたウールとコットンは、最低価格で大英帝国に輸出され、ミッドランド地方の工場で加工され、製造され、完成した商品は植民地に再び輸出されて、イギリスの実業家たちに潤沢な利益をもたらした。巨大な工場である英国と、原材料の供給元かつ消費市場でもある植民地、そして工場主たちの玄関に金を積み上げた極端にバランスの悪い商業網の姿を想像してほしい。この経済モデルは重商主義と呼ばれ、開拓者、つまりイギリスの商人階級の経済利益のために、植民地を搾取するメカニズムだった。

早くも一六〇〇年には、サセックスの羊たちが北米の植民地に連れて行かれた。この種は、上質なウールを作ることと、高地の牧草のわずかな栄養で生きられることで知られていた。この移転は成功し、わずか六〇年の間に、植民地経済の不可欠な柱となり、一六六四年には、マサチューセッツ州で、子どもたちに紡績と織りを学ぶことを義務付ける法律が可決した。ある時点では、ウールはタバコよりも貴重なものだった。一六六二年のバージニア州では、ウールの布一ヤードには、タバコ五ポンド分の価値があった。植民地がウール生産の経済力に気づき、イギリスの商人や製造元といった、世界の市場をコントロールする勢力に挑戦するのは時間の問題だった。一六九九年には、このシナリオを阻むために、イギリス議会がウール法案を可決し、植民地の輸出を禁じて、イギリスのウール繊維だけを輸入することを強要し、その売上に重税をかけた。これが植民地の経済成長を抑制し、未来の独立を防ぐために行った多数の試みのはじまりだった。

アメリカの植民地は、これに対し、イギリスのウールをボイコットすることで自給自足を試みたが、簡単ではなかった。イギリス帝国の他の地域同様、植民地は、イギリスの繊維製品に大いに依存していた。紡ぎ、織るための工業機械を持っていなかったし、大英帝国の商業インフラやノウハウも欠如していた。けれど、ウール、それも上質なウールはあったし、ほとんどの家庭には伝統的な糸車があった。また、糸を紡ぎ、編み、織るやり方を知る女性たちはたくさんいた。だから、イギリスの効率の良い繊維の工業生産に、手芸で対抗した。ダビデとゴリアテの闘い〔巨人の兵士ゴリアテに羊飼いの少年ダビデが闘いを挑んだという旧約聖書の逸話〕だった。

女性たちはこの任務を心に刻み、いつものように華やかでない方法で実行した。男たちが反乱や抵抗、時には戦争についておおっぴらに議論し、パブでラムを飲みながらスローガンを叫ぶ間、女性たちは、紡ぎ、織り、編みの競技会を行い、イギリスからの輸入をボイコットできるだけの繊維を生産した。女性たちは、手芸の道具を持って家や公会堂、図書館、教会、時には屋外の広場に集まり、夜明けから夜遅くまで、紡ぎ、編み、織った。この家庭から生まれたムーブメントは、大英帝国に対する不服従のシンボルになった。人々は、手編みやリサイクルの衣類を、誇りをもって着用した。それは、植民地の女性たちとイギリスの製造元との間の、平和で、かつパワフルな決闘で、帝国の経済的、商業的権力のまさに核となる、繊維という武器を使って争われた。

この忠誠心の強い女性たちは、サンズ・オブ・リバティ〔自由の息子たち〕の女性版、ドーターズ・オブ・リバティ〔自由の娘たち〕として知られるようになり、彼女たちの集会は、よく「スピニング・ビーズ〔紡ぐ蜂たち〕」と表現された。実際、女性たちの集まりは、植民地に散らばる一時的な蜂の巣のようだったが、そこには女王蜂はおらず、女性の部隊は、家族やコミュニティを生かし、未来の国家を築くために蜂のように共に働く移動式の手芸工場だった。それは、生の民主主義の素晴らしい一例だった。女性たちに投票する権利はなく、女性が政治に関わることは不適切だと考えられていた。たとえその声が一度も記録されなかったとしても、また、アメリカ革命〔独立革命〕の戦場で正式には戦わず、独立宣言に署名した女性はいなかったとしても、植民地が選択したきたるべき民主主義の構造は、紡ぐ蜂たちの巣で行われた労働の編成や分業と似ていた。それは、冠をかぶったリーダーを持たずに、新しい国家を共に編む、平等な社会だった。

独立戦争の直前、この家庭内手工業経済が、大英帝国のアメリカの植民地に課した強権を弱めたことに疑いはない。それは、女性たちが実行した任務だった。女性たちは紡いだり、編んだり、織ったりしていない時、創造性と想像力を行使して、台所でイギリスの商品をボイコットした。輸入の砂糖のかわりになる蜜を手に入れるために蜂を育て、イギリスのお茶を買うのを避けるためにスパイスやハーブを使った。

そうやって、女性たちはイギリスの商品を拒否し、家族に服を着せたり、食べさせたりしながら、敵の商業的な生命線を侵食し、重商主義のループを破壊して、アメリカ革命のお膳立てをした。ついに戦争が始まった時には、軍に衣類や食料を供給する準備ができていた。

アメリカの独立戦争には、重要な役割を果たした女性たちの英雄的な物語が多数存在する。敵陣の境界線を越え、夫、息子、孫、義理の息子、兄弟、友人たちに靴下やミトンを届け、セーター、コート、帽子からウールを再利用して、兵士たちのためにブランケットを編み、ウールの塊をこっそり輸送して隠れて紡ぎ、前線で必要なものを編んだり、織ったりした。一例をあげれば十分だろう。ボストン包囲戦の最中、ボストン茶会の母として知られるサラ・ブラッドリー・フルトンは、イギリス軍の部隊の手に渡るのを防ぐためだけに夫と共同購入したウールの貨物を没収され、その兵士の一団と、ひとりで対決した。彼女は、ウールの塊を積み上げた荷車を引いていた雄牛の角をつかみ、ウールを取り戻した。兵士たちに撃つと脅された時、やってみろと挑発した。雄牛の角をつかんだまま、「撃ちまくりなさい」と言った。兵士たちにそんな勇気はなく、彼女が荷車を持ち帰ることを許した。

独立革命の最中、女性たちは見えない存在ではなかった。必要不可欠の存在だった。糸車、編み針、織機、家庭の食事といった、男性たちとは違う武器で独立に向けた戦争を闘い、革命の明るい結果に貢献した。しかし歴史は、彼女たちの貢献を都合よく無視し続け、平等というプラットフォームの上にアメリカの国家が誕生した時、女性たちは、男性と平等ではなかった。選挙権は、一九二〇年になるまで与えられなかったのだ。

クリスの母親同様、糸紡ぎの蜂たちは、不平不満を言わなかった。彼女たちの愛国心は、自己犠牲、自己規律、個人的な信心に基づいたもので、自分たちの英雄的勇気の認知すら求めなかった。彼女たちの役割は、家族の面倒を見ることであり、大英帝国からの独立は、家族の生活の改善であり、自由を勝ち取ることは、家族の繁栄と同義だった。女性たちは、愛する人のために、繊維の任務を背負ったが、政治的な力を得るためではなかった(女性による真の政治的な叫びが初めて聞こえるのは、女性参政権運動家たちが登場してからのことだ)。クリスの母親同様、この女性たちは、自分のニーズや本当の感情を表現することを我慢し、沈黙を守り、歴史に語られない存在のままではあったけれど、歴史の成り行きを変えることにはなった。イブの好奇心と自由意志が人類の未来を変えたように。クリスの母の物語と同じように、この女性たちの伝説は、今、かつてなく強いものになっている。

アメリカ革命戦争は、女性たちが手芸の道具を使った唯一の戦争ではない。女性たちは、クリミア戦争、ボーア戦争、そして私の祖母が生きた第一次世界大戦のように、すべての紛争を通じて、兵士、負傷者、難民たちのために、編み物をしてきたのだ。


何年も前のことだけれど、私の祖母が生まれたのと同じ年、一九〇〇年に生まれた興味深い女性に会ったことがある。グラディスという名前だった。ロンドンのバタシーの公営住宅に暮らしていた。私は、オナー・パリーという地元の毛糸ショップに、湖水地方《レイク・ディストリクト》〔イギリス北西の山岳地域〕で遭遇した編み図を使ったブランケットを編める人を探してほしいと頼んでいた。オナー・パリーのオーナーは、すてきな古いタイプのイギリスの淑女で、セントラルヒーティングのない店の上のアパートに、夫とともに誇りを持って暮らしていた。彼女は、この仕事にグラディスを選んだのは、「九〇代になった今も」優れた、注意深い編み手だからだ、と言った。編み図は難しすぎるほどではなかったが、幾何学的なデザインを再現するために、常に目や段を数えることが求められた。ある夜、電話がかかってきた。グラディスが糸を使い切ってしまった、ブランケットはもう完成しそうだけれど、余分の毛糸がないか、という内容だった。運良く、手元にあったので、すぐに持って行くと提案した。

グラディスが住んでいた公営住宅は、私の家からわずか二ブロックの距離だったが、私たちの家の間の社会的な距離は海ほども大きかった。私は、ポッシュ《高級》と言われる地域の、バタシー公園に面した大きな家に住んでいて、彼女は公園から南にいって二本目の道にある公営住宅に住んでいるのだった。

グラディスは、レースのカーテンが窓にかかり、快適なソファーがあって、ラベンダーの柔らかい香りのする完璧なワンベッドルームのフラットに住んでいた。どういう経緯でそこに住むことになったのかを語ることはなかったから、それまで私自身も、毛糸ショップのオーナーもその経緯を知らなかった。けれどその夜、グラディスが、そこにひとりで住んでいること、夫は何年も前に亡くなったこと、子どもも、親戚もいないのだということを話してくれた。彼女はこの世界で、たったひとりなのだった。「でもね」と彼女は付け加えた。「私は、まったく大丈夫。自分の人生の舵取りであることを楽しんでいるし、忙しくさせてくれる編み物がある」。

毛糸を手渡すと、彼女がお茶を飲みながらブランケットを見せてくれるという。甘えることにして、彼女がお茶を準備する間、ブランケットを見た。それは見事な出来栄えだった。安定した手によってつながれた編み目は均一だった。一見して幾何学模様のパターンがすぐにわかり、完璧だった。私の目は、その複雑さに魅せられ、喜びながら、毛布の表面を駆け巡った。テレビの前に置かれた肘掛け椅子の脇に、編み物用のバッグが置かれていた。その中には、私が渡したばかりの毛糸の玉とともに、優れた編み手が持つ道具がすべてあった。

グラディスが戻ってきた時、お茶のカップをひとつだけ持っていた。私用のお茶だと彼女は説明した。自分は午後四時以降、お茶を決して飲まないのだと。カップを手渡しながら、私の手からブランケットを受け取り、肘掛け椅子に座って、新しい毛糸をバッグから取り出して編み始めた。

「三〇分ほど待てるなら、完成したブランケットを持たせてあげられる」と彼女は言った。お茶をすすりながら、彼女が編み物をする様子を見て、とても特別なところのある人だ、と思った。若さのオーラ、年齢を感じさせない輝きが。九〇代のはずなのに、もっと若く見えた。

私たちは、編み物の話を始めた。グラディスは、終生、編み物をしてきた人で、そのうちの三〇年は職業として編んでいたのだ、と言った。デザイナーやブティックの依頼で編んでいたこともあるが、最近はだんだん仕事を得ることが難しくなってきたという。私は頷き、一九七〇年代のオイルショック以来最大の不景気の最中なのだということを付け加えた。彼女は微笑み、最近の経済危機は、戦争とは比べものにならない、と言った。私の祖母の口からたやすく出てきそうな言葉だった。

私は祖母の話をし、どれだけ彼女を恋しく思っているかを話した。祖母は一年前に亡くなり、私はまだ、彼女ともう二度と話せないのだという事実と葛藤していた。グラディスに、祖母が第一次世界大戦の最中に、靴下を編むうちに祖父と恋に落ちた話をすると、彼女の目が輝いた。グラディスもまた、前線の父親や兄弟のために靴下を編んでいたのだった。

彼女が言うには、戦争が始まった時、人々は戦いに自ら志願して行った。当時の男たちには、それが当たり前だったのだ。家族の男たちは全員戦争に行き、女たちは家に留まった。「私たちはサセックスの農場に住んだの」と彼女は回想した。「私たちの家ではなくて、借りた家。みんながいなくなった後、母が台所で静かに泣いていたことを覚えている。私たち女児たちの助けだけで、ひとりで農場を切り盛りできるか心配していた。家賃の支払いも心配していた。それでもなんとか、うまくやった。政府が助けてくれたからではなくて、村も、街も、国全体も一丸となって奮闘したから。男たちは前線に行っていたから、ほとんどは女性の力だった。私たちは幸運だった。家主は愛国主義者で、彼もまた志願していたし、その妻は、私たちをそっとしておいてくれた。家賃は、払える時に払った」。

話を聞きながら、彼女が編む様子を観察した。とりわけ早いわけではなかったが、ステッチはしっかりしていて、糸をきっちりコントロールしていた。彼女は、うちの祖母のように、スコットランドで典型的に使われ、イギリスの南東ではあまり見かけないタイプの長いメタルの針を使っていた。グラディスは、意志の力で糸を握りしめ、針は信じられないような優雅さで動いていった。彼女の手は長く美しく、手入れされていて、関節炎の痕跡はなく、白い肌にも加齢を示すシミがほとんどなかった。一九五〇年代に流行したような、私なら派手だと思ってしまうような赤いマニキュアを塗っていた。編み物の最中、彼女の赤い爪が、クリーム調のウールを背景に、エキゾチックなダンスを踊っているように見えた。

「第一次世界大戦は、誰にとっても衝撃だった」とグラディスは続けた。「前線から最初の手紙が届いた時に、兵士たちが装備の足りない、必要な衣類もない状態にあるということが発覚した。それ以前の戦争でもきっとそうだったんでしょうけれど、強大なイギリス政府が、二〇世紀になっても靴下を持たせずに、男たちを塹壕に送り込むとは思わなかったのね。足が塹壕の中で常に濡れて菌に襲われることが原因の「塹壕足炎」という症状について読んだ時、恐怖に震えた。それを防ぐには、靴下と足を常に乾いているようにするために、靴下を頻繁に替えることなのだと聞いた時、私たちは行動に出ることにした。前線にいるうちの男たちが、靴下を必要としている。それも大量に。私たちはそれを供給することにしたの」。

「そうやって編み物を始めた。すべての空いた時間を使って編んだ。前線にいなかった人間は全員編んでいた。駅にいる時の電車の車掌が、昼食時間の秘書たちが、客がいない時の店員たちが、電車やバスに乗る通勤客が、編み物をした。それは自然発生的に起きた活動だった。最初の頃は、誰からも編めとは言われなかった。率先して行ったのは、気にかけていたから。ある毛糸ならなんでも使った。セーター、ブランケット、スカーフ、帽子、差し出してもらえるものなら、なんだって手に取り、惜しくないものは何でも毛糸玉になった。どの色がどれだけあるかを把握し、パターンをデザインした。コンフォート・グッズと呼んでいたのだけれど、この衣類を暖かく、見た目もよくしようと、赤と青のストライプの靴下、黄色と茶色のバラクラバ帽、黒と白のベストを編んだ」。

男たちは、そのウールに気がついただろうか？　彼らは、新しく生まれ変わる前の古い衣類を、家族の誰が着ていたかを覚えていただろうか？　もちろん、彼らは覚えていた。再利用された糸が、彼らに家を身近に感じさせ、愛する人たちとつないでいたのだ。それは終わらない愛の糸だった。

祖父が珍しく塹壕の話をした時は、色がなかったと語っていた、と祖母が言ったのを覚えている。すべてが灰色で、草は枯れ、木や茂みは焼かれ、昆虫たちは飛び去った。そんな荒廃した光景の中で、

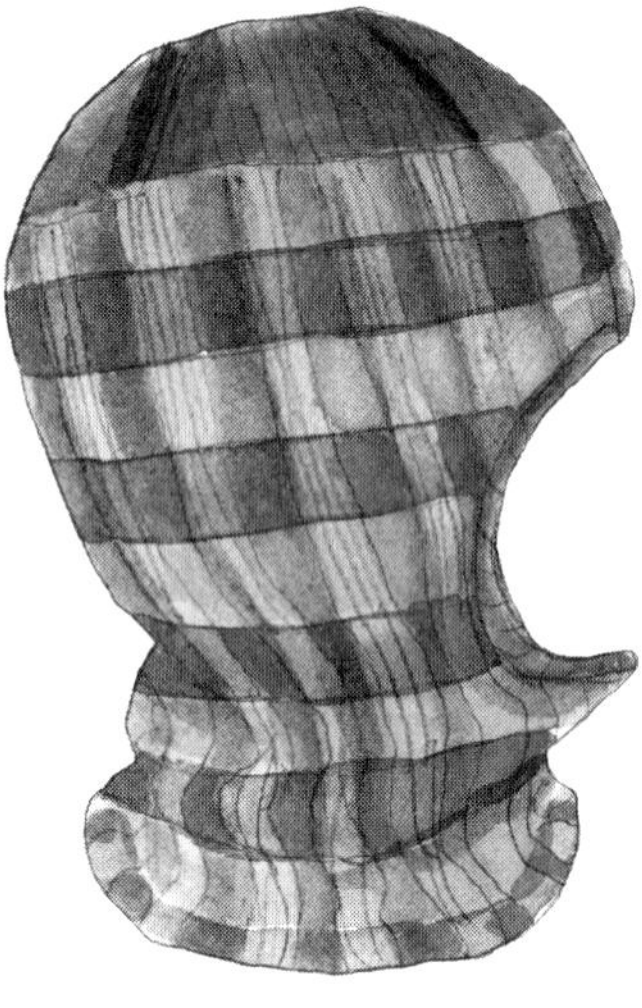

祖父が、祖母からの荷物を開き、靴下の色に当てられる姿を想像することができる。赤、緑、青、白、黄色といったリアルな色、虹の中にあるような美しい色。彼が美しい色の衣類にしがみつく姿を想像することができる。それは、もうひとつ生きるはずだった人生があったこと、その前には別の人生があったこと、戦争、塹壕、彼を取り巻く色のない風景がいつか消え去ることの証明だった。ただ彼がやらなければいけないのは、家に戻れる日が来るまで生き延びることだけだった。

「政府は、自然発生した私たちの編み物を好まなかった」とグラディスは告白した。「政府はとりわけ、戦争準備の欠如と、兵士たちに適切な衣類を供給できない無能さを露呈するものとして、こういう色を嫌った。エキゾチックでカラフルな靴下や手袋、ベスト、ヘルメット下のキャップを身につけた軍が行進するところを想像してみて！」

彼女の声を聞きながら、彼女の言っていることは珍しいことだと気がついた。彼女の年齢のイギリス人、特に戦争を生き抜いた人たちは、見知らぬ人にはその話をしないし、権威をそんなにオープンに批判しないのだ。彼女はコミュニストなのか、はたまたエキセントリックなのか。後になって、毛糸ショップのオーナーから、彼女がかつて政治に関わっていたこと、またそれが彼女の人生のいくつ

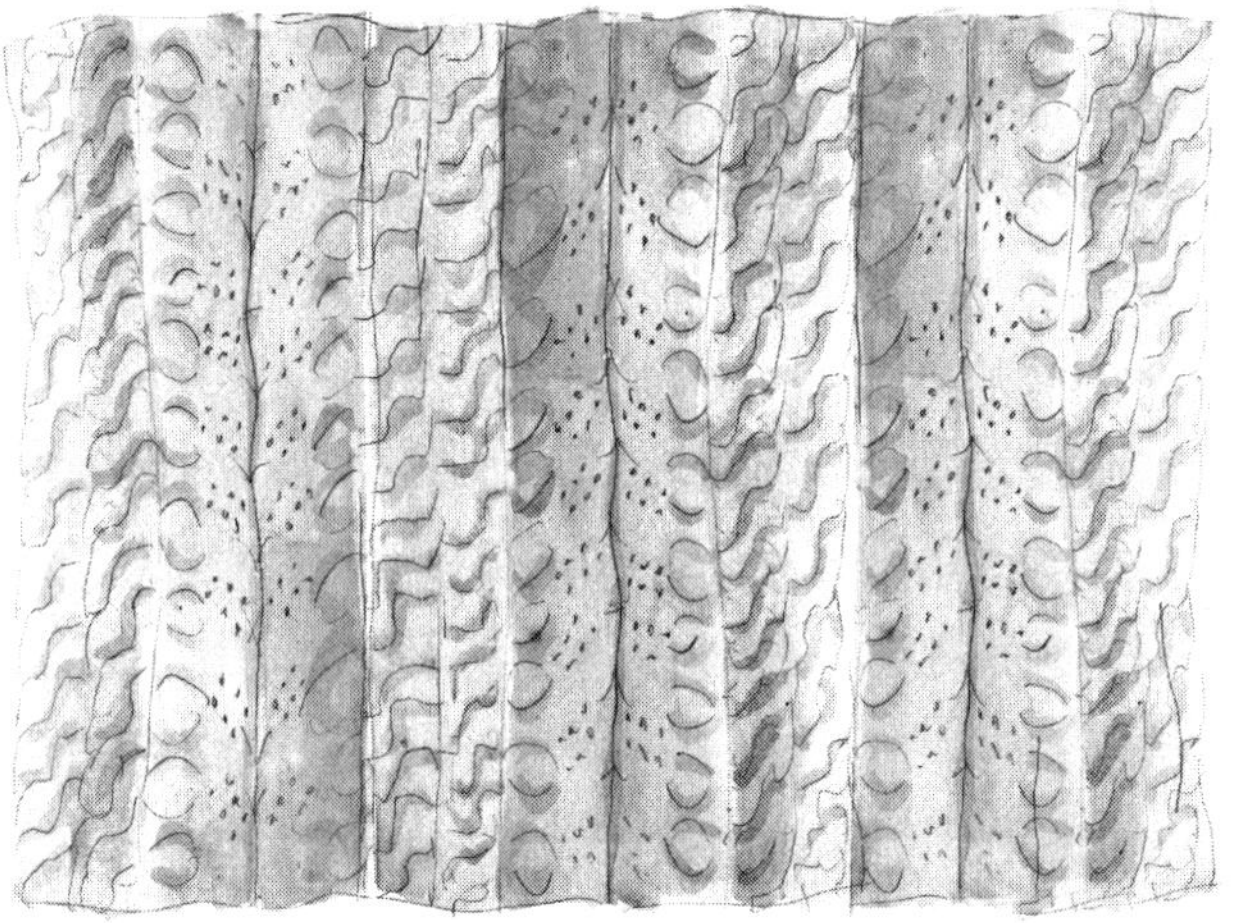

もの問題の原因になったこと、教師を務めていた有名な寄宿舎学校から突然解雇されたこともあったと知った。あの夜、彼女の政治的な見解についてもっと聞けば良かった。私の訪問から数週間後、グラディスは眠っている間に亡くなった。豪華なブランケットは、彼女が人生の最後に編んだもののひとつだった。

編み物についてリサーチをしている最中に、最近、イギリス人の学者、ジェーン・タイナンの研究を発見し、グラディスが三〇年前に教えてくれた話の裏付けが取れた。イギリス政府の戦争準備の不足と、家庭で編まれたカラフルな衣類が、兵士のユニフォームの統制された見かけと衝突した、という話である。グラディスが推測したように、黄色や赤の靴下、ライトブルーのバラクラバ、ストライプのスカーフを着用した軍隊が行進すれば、潤沢な予算のあるまともな軍には見えないだろう。タイナン教授は、家庭に残された女性たちによる自然発生的な編み物が、世界的な現象になった、というこ

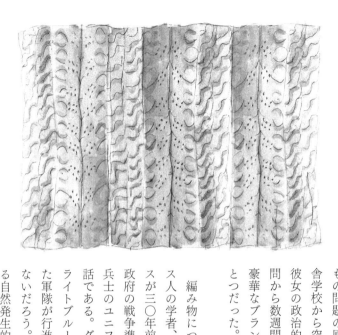

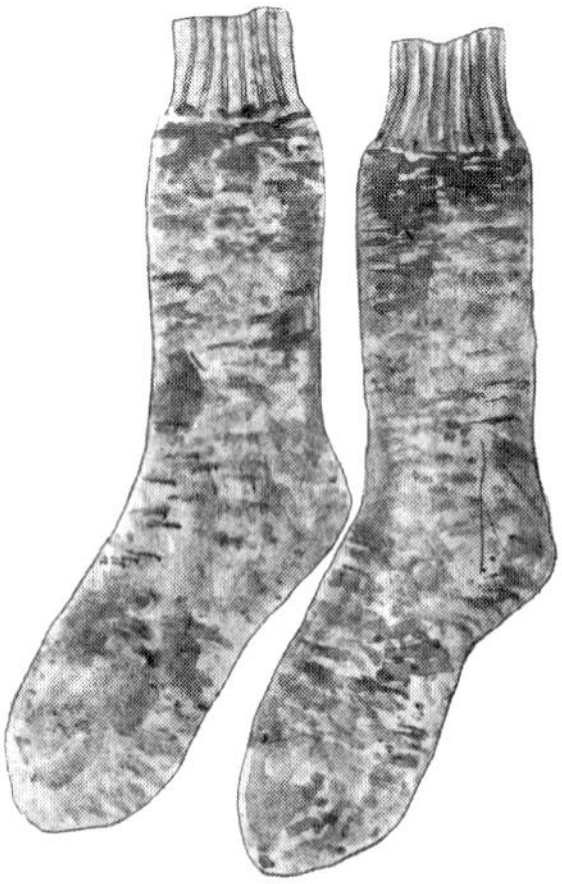

とについても語っている。あの戦争に参加した国には、備えの良いところはなくて、だから、塹壕の両側で、兵士たちが暖を取る靴下や衣類がいたるところで必要とされていた。ドイツの女性たちもまた、愛する人たちのために、手に入るニットの商品を解き、総天然色《テクニカラー》の毛糸を編んだ。

女性、そして戦闘に参加しなかった人は、編み物で貢献した。独立戦争の編み蜂たちのように、軍や国家の構造を持たないいま、自然発生的にその作業を成し遂げた。編み物は、再び、草の根運動の一部になったが、だからこそ、第一次世界大戦中のイギリス政府にとっては脅威にもなった。二〇世紀の初頭、イギリス、すべての国家は、草の根の運動に、制御することのできない、またのちに権力体制の対抗勢力になりかねない、強力なアナキズム的側面を発見した。自然発生的な編み物のムーブメントを構成する大多数は女性で、多くの国で女性は投票する権利を持っていなかった。だから、毛糸や編み図を調達する役割を担う国家や軍の組織なしに、自由に編み物をすることには、潜在的な反政府性があった。編み物の自然発生には、糸の檻を揺すぶり、現状に挑戦する力があり、イギリス政府は、その他の政府同様、その扉を開くことで、性差別の不当さを露呈することを恐れていた。

ジェーン・タイナンは、第一次世界大戦中に自発的に編み物を始めた女性たちに対する英国政府の反応のひとつが、いわゆるキッチナー・ステッチ［メリヤスはぎ］だと考えている。それは、兵士たちの肌をこすらないように、シームのない靴下を、四本の針を使って編む方法だった。ハーバート・キッチナーという人が、当時の陸軍大臣で、彼が書いたこの新しい靴下のパターンは、自発的な編み物の熱気を、王室のコントロール下に置いたのだった。女性たちは、厳しい指示を与えられ、政府によって供給された具体的な編み図に従わなければならなくなった(巻末のパターン参照)。どんなウールを、またどんな色を使うのかを指示され、兵士たちの制服に合うようにダークグリーンとグレイを使うように命じられた。編み手が、想像力や創造性を使うことは許されなかった。彼女たちは、戦争のマシーンの部品でしかなかった。糸の檻には、新しい鍵がつけられたが、鉄格子は錆びていた。崩壊するのは時間の問題だった。

3　革命のために編む

編み物をすると、糸が針の周りを踊るのだ、と祖母は教えてくれた。リズムとメロディがあって、頭から指に流れ伝わる。編み図は楽譜であり、編み手は楽曲を指揮しなければならない。ショールは、使う人の趣味や、望む使い方によって、緩く編まれてもいいし、きつく編まれても良い。ドレッシーにも暖かくにも、エレガントにも機能的にもなりうる。どんな糸、どんな色を選ぶかは、編み物というバレエの振り付けの中で、作りたい衣類のタイプに合わせて決められるべきだ。

作曲家の作品をどう演出したいのか、ビジョンを持つ指揮者や振付師のように、優れた編み手には、編み始める前に、完成品のビジョンがある。優れた編み手は、編まれた完成品を見るだけで、パターンを読む方法を知っている。店のウィンドウの衣類を見るだけで、演出された編みのシーケンスが埋め込まれたダンスを見通すことができる。

チャールズ・ディケンズの『二都物語』を読んだ時、私は真の編み物の言語を発見した。その時、私は一〇歳か一一歳で、編み物を始めてからもうすでに何年かが経っていた。私は父が買ってくれた古典全集を貪り読んでは、祖母と話した。祖母はすべての本を読み、すべてのストーリーを覚えていて、事実とフィクションについて、たくさんの洞察をしていた。

「この女性、マダム・ドファルジュについてだけど」と、ある日、祖母は、自分が名付けた子の結婚式のためにベッドカバーを編みながら言った。「彼女が実在して、首を切られた貴族たちの名前を編み込んだなんて、本当に信じてる?」もちろん、私は信じていた。大好きな作家の一人だったチャールズ・ディケンズがそう言ったのだ! 祖母は首を振り、「何のために?」と続けた。「復讐のために」と私は言った。「フランスの貴族は、人々を長年にわたって抑圧し、権力を濫用した。そして革命が、大衆に公正をもたらしたのだから」。

「マダム・ドファルジュは、革命、すべての革命の残虐さを象徴する存在として、参加者を非人間化して作られたフィクションの登場人物なの」と祖母は言った。「この作品は、ギロチンの前に座って編み物をしていたフランス人女性たち、つまりトリコテウス(tricoteuses)の本当の物語を語っていない」。ワオ、私は興奮して考えた。このストーリーには、自分が読んだ以上のものがあるのだ。

そうやって、巨匠による歴史の教室が始まった。

一八世紀の後半、パリの市場で働く女性たちは、社会の背骨のような存在だった。労働をし、商売をし、夫たちの倹《つま》しい給料を管理し、子どもの世話をし、編んだり縫ったりして家族に衣類を着せ、家計をやりくりした。彼女たちは、社会の安定のバロメーターだった。家族を食べさせるパンがもうないと気がついた時、彼女たちは反抗した。ヴェルサイユに行進し、パンを要求したのは、飢えていたからだ。それがフランス革命の引き金となった。

何年も経って、フランス革命についての授業を大学で受けた時、この女性たちが人々のヒロインになっていたことに気がついた。レーヌ・オドゥ、アニエス・ルフェーヴル、マリー・ルイーズ・ボジュ、ローズ・ラコンブといった女性たちの率いるグループは、ロベスピエールが率いた、もっともラディカルな運動のひとつ、ジャコバン党に似ていた。この勇気ある女性たちは、裕福だと思われる人を侮辱し、彼らの逮捕を革命家たちに要求しながらパリの路上を練り歩いた。彼女たちは革命期フランスを統治する最初の集会、つまり正式に君主制を廃止した国民議会にオブザーバーとして招かれた。

祖母は、編み物の歴史の授業を続けた。彼女によると、革命政府は、そのうち、女性たちの政治的な役割、大きくなりつつある力、革命運動内での人気に脅威を感じるようになった。市場の女性たちは、革命の引き金にはなったが、手綱は男たちの手にしっかりと握られていて、その男たちはどんどん強権的になっていた。国民議会の最中、女性は桟敷席に座ることもできないことが決まり、最終的には、いかなる政治議会にも参加を禁じられた。しかし、女性たちは、自分たちが始めたプロセスへの参加を諦めなかった。彼女たちの一部は、処刑が行われた革命広場(今はコンコルド広場として知られている)に移動した。自分たちの屋台や惨めな家から椅子を運び、ギロチンの周りに置いて、敵が首を斬られる様子を一日中目撃した。

革命政府は、彼女たちを止めるすべを持たなかった。広場は公の場だったし、人々は処刑を目撃するように促されていたから、市場の女性たちに動けと言える人はいなかった。女性たちは商売には慣れていたから、特定の個人の処刑を目撃したいという人たちに、席を売った。彼女たちは、靴下、ミトン、スカーフなど様々な衣類を編み、処刑の後に販売した。けれど、主に編んだのは、赤いボネ・ドゥ・ラ・リベルテ(bonnets de la Liberté 自由のキャップ)で、パリの住民なら誰もが着用するようなフランス革命の象徴になった。椅子貸しと編み物の販売は、市場の女性たちにとって、通常の商売以上に利益の大きい良いビジネスであることが証明された。革命の最中、倹しい生活を営むことすら、それまで以上に難しくなっていたから、これは恵みだった。驚異的なことに、市場の

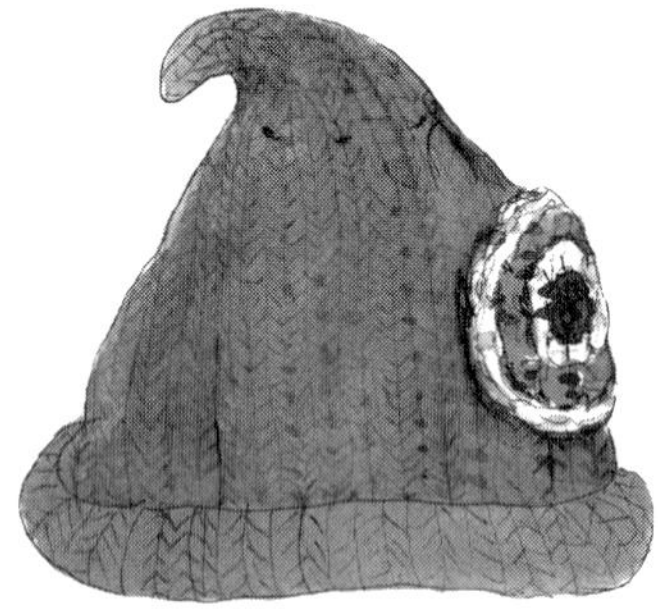

女性たちは編み物で家族を支えることができたのだ。

学校で発見したのは、自由のキャップが、アナトリアで始まったフリジアの古いキャップのコピーだったということだ。フランス革命のモットー「自由、平等、友愛」を体現するマリアンヌは、いつも赤いフリジアのキャップを着用して描かれているのだった(巻末のパターン参照)。

いつものことながら祖母の歴史的出来事の解釈には、特に編み物に関しては、独特のひねりがあった。ディケンズは、市場の女性たちが飲み食いのかわりに編み物をしていたと書いたが、それは祖母によれば完全にばかばかしいことだった。一八世紀終盤のパリの人々のように飢えていたら、何ものでもパンのかわりになることはできない。編み物でさえも。

子供心に、トリコテウスが人々の死ぬところを見ながら編み物をしていたという考えは、ひどく不

穏なことのように感じられた。編み物を暴力的な行為と結びつけることは不可能だったし、意味がわからなかった。そして、なぜ編み物がフランスの貴族の馘首《かくしゅ》に結びつけられたのかを説明してくれたのは祖母だった。彼女が言うには、市場の女性たちは、議会の最中にも編み物をしていたし、なぜ貴族の頭が足元のバスケットに転がり落ちる時に編み物をしていたのかというと、常に編み物をしていた、という単純な理由によるものでしかなかった。編み物は、息をしたり、働いたりすることと同様、人生の一部で、義務付けられた行為でもあった。トリコテウスたちはいつも忙しくしていなければいけなかった。貴族に対する復讐を楽しむ時ですら、生産しなければいけなかったのだ。「もうひとついえば、彼女たちは誰一人、読み書きを知らなかった」と彼女は付け加えた。「だから、ディケンズが主張するように、処刑された貴族の名前を編み込むなんてできなかったはず」。

祖母は、似たような流儀で、つまり常に生産的であるように育てられた。一二人いる子どものうち、最初の娘だった。彼女が一〇歳の時に、母が出産中に死亡して、父親が母の妹、つまり叔母と結婚して、あと六人子どもを作った。一家はほどほどにではありながら裕福だったが、彼女は弟や妹たちの面倒を見て、彼らのほとんどの衣類を縫ったり編んだりし、母や義母が家庭を切り盛りする手伝いをした。毎朝四時半に起きて、学校にいく前に自分の任務をこなした。読書だけが彼女の喜びで、一日の終わり、仕事を終えた後、台所で手に入るすべての本に没頭した。

「ディケンズは、ひとつのことについては正しかった」と彼女は言った。「編み物は、編み手たちが理解できる唯一の言語だった。名前、物語、祈り、詩と、なんだってパターンに編み込むことができる」。そして、彼女は、編んでいたウェディング・ブランケットに編み込んだ結婚についての知恵を見せてくれた。私の指を取って、ブランケットの角の裏編みと表編みの上を滑らせ、そこに隠された言葉を読んだ。「愛は、日々の勝利で、一生の宝物である」。

私は、彼女の指導に従うことに失敗したのだろうか？　子ども時代に指の下で感じた編み込まれた言葉に沿って生きることに？　ウール、糸、針、お話と歴史の魔法のような年月に自分の心を遡らせ、今の自分の苦悩と比べてみると、自分のパターンに人生のたくさんの穴が見える。あの人生の喜びの金庫を安全に守ろうとしてきたが、失敗した。私のせいだろうか？　時として、愛は私たちがコントロールできる範囲を超えた理由で消え、時として、人生は意地悪なトリックを使ってくることがある。ある春の朝、祖母が、愛する夫にキスをして、良い一日を、と仕事に送り出した数時間後に、彼の心臓は止まり、彼女の心は壊れた。けれど、彼女もなんとか持ち堪え、進み続けた。私も、似たような分岐点に立っている。三〇年以上にわたって連れ添った、思いやりある、愛に溢れた私のつれあいが消えてしまい、心は壊れてしまったが、進み続けなければならない。きわめて困難な戦争という編み目の連続の最中にいる時のように、諦めてはいけない。ひとつの動きも飛ばしてはいけない。最後まで、勇気と決意をもって、一つ一つに取り組まなければならない。

勇気——私が今、どうしてもほしいもの。それもふたつの世界大戦の最中、連合国のために、編み物を隠れたメッセージシステムとして使った、男、あるいは女のニッティング・スパイと同じ勇気を。

編み物は、表と裏のバイナリー(二項)だから、モールスコードのように、メッセージを隠すには最適だ。部隊の位置、武器の数、列車の動きといったすべてのことを、シンプルな帽子に、ミトンに、スカーフに隠すことができる。編み手ではない人に、コードを読むことはできない。編み図だって、秘密のコードによって書かれているように見える。第二次世界大戦の最中、イギリス政府が、ドイツに情報を発信するのに使われることを恐れて印刷されたパターンを処分した理由はここにある。

イギリスの諜報機関は、ニッティング・スパイを大いに利用したが、ドイツも同じだった。一九四〇年代にイギリスの定期刊行物ピアソンズ・マガジンが掲載した記事は、裏付けこそ示していないが、ドイツのスパイたちが、結び目だらけの糸だけを使ったセーターを——いったんほどいてアルファベット入りの枠にはめると、秘密のメッセージが明らかになるセーターを編んだと主張している。けれどニッティング・スパイの本当の物語で一番エキサイティングなのは、二つの世界大戦中の、占領されていたヨーロッパで生まれたものだ。

第一次世界大戦の最中、ドイツが占領していたフランスのリール地方そばのルーベという街で、ルーベの駅の積み下ろし場を見渡せる家に住んでいたマダム・レヴェングルという女性は、ニッティング・スパイだった。ルイーズ・ド・ベティニーという素晴らしい女性が、レヴェングルを、北フランス、ベルギー、オランダでドイツについて情報収集し、イギリスに渡していたアリス・ネットワークというスパイと同盟者の集団に勧誘した。マダム・レヴェングルは、積み下ろし場を見渡す家の一階の窓の前に座り、編み物をした。報告すべきことがあるたびに、暗号を使って足で床を叩いた。子どもたちは、階下で宿題をするふりをしながら、暗号を書きとめた。女性と子どもたちの勇気を理解するために、彼らの家には、ドイツ人の陸軍元帥が住んでいたのだということも知ってほしい。

第二次世界大戦の最中、ベルギーの抵抗運動は、マダム・レヴェングルのように、鉄道や積み下ろし場の近くに住み、編み物をしながらドイツ人たちの動きを監視できる年配の女性たちを味方につけていた。この女性たちは、シンプルだけれど効果的なコードを使って編み物をメッセージにして伝達した。たとえば編み目を飛ばして穴にした時は、あるタイプの列車が通過したことを示していた。部分的に裏編みにすることでできるこぶは、別の種類の列車を指した。出来上がった編み地はベルギーの抵抗運動の仲間のスパイたちの手に渡った。

ニッティング・スパイは双方によって使われた方法だったが、連合国のためにスパイ活動を行う人たちにとって編み物は優れた隠れ蓑だった。アメリカ人のエリザベス・ベントリーは、アメリカ政府からの機密情報を編み物用のバッグの中に入れて、ソビエトの諜報員に渡した。毛糸、針、パターンと編み地でいっぱいのバスケットに、マイクロフィルム、メモ、コードを含んだ書類を隠した。戦争が終わってから、人が彼女を「レッド・スパイ・クイーン」と呼んだ時、一九五〇年代に人気だったテレビ番組に登場した究極の真面目な主婦像にちなんで、「コミュニスト・ジューン・クリーバー」のほうがふさわしい、と彼女は言った。

このイメージのバカバカしさは、なぜ編み物が隠れ蓑として成功したかを物語っている。二〇世紀の前半の集合的想像力では、編み物はスパイと正反対の存在だったのだ。

フィリス・〝ピッパ〟・ラトゥール・ドイルは、このステレオタイプの間違いを証明したニッティングスパイの一人だった。彼女の驚異的な人生の物語は、祖母の口から語られそうなものだった。ヒロイズムと自己犠牲と勇気の時代に隠れた宝石のような物語でもあり、またナチズムと闘うことに対する義務感と名誉に突き動かされた人々の慎ましさを示すものでもある。ピッパは、戦争が終わってから何十年もの間、自分のスパイ行為を誰にも漏らさず、自分の子どもたちにも隠していた。年月が過ぎてようやく彼女の英雄的行為は褒め称えられ、彼女の物語がニュージーランド・ヘラルドに掲載された。彼女は、ウィンストン・チャーチルが「ヨーロッパに火を放つために」使いたがった秘密の部隊、特別任務執行部に所属する四〇人の女性のひとりで、コードネームはジェネヴィーヴだった。

ラトゥールは、二三歳にしてフランス語を流暢に操り、占領下にあったフランス内で活動するイギリスのスパイとして訓練された。ある寒い冬の夜、髪の毛につけたリボンのシルクの布の長さに暗号化された貴重なコードとともに、戦争の闇の帷《とばり》の中、陣の背後にパラシュートで降り立った。

ジュネヴィーヴは、バスケットに入れた編み具を持ち、占領下フランスを自転車で駆け回り、ドイツ軍の位置や動きを報告した。発見を記録し、コード化したメッセージを編み、その情報を様々な場所から発信した。何度かドイツ軍から持ち物検査を受けたが、辛くも発見を逃れた。一度は、女性の警察官が、彼女が衣類の下に何かを隠していると疑い、服を脱いで裸になるように要求した。警察官は、彼女の髪の毛を留めていたシルクの布をほどいたりもしたが、ピッパは頭を振って、髪の中に何も隠していないことを示した。

革命のために編むこと、抵抗運動のために編むこと、諜報活動のために編むこと。私が子ども時代、青春期、若者だった時期に学んだお話の数々は、私の人生を豊かにしてくれたし、より良い大人になることの一助になり、個人的な試練においても自分を導いてくれたのだと考えたい。祖母は私の最初の導師だったが、唯一の存在ではなかった。

一九八五年、私は最初の夫とサンフランシスコに転居した。ハロウィーンの一週間前に到着し、街全体がコスチュームを着ているようだった。銀行の窓口係はドラキュラの装いだったし、泊まっていたホテルの道向かいの小さなレストランのウェイターは、フランケンシュタインの衣装を着ていた。賃貸を希望したアパートの家主は、インドから帰ってきた後のジョン・レノンのように見えた。彼は、二サイズほど大きすぎる白のベルボトム、ルーズなアフガニスタンの白いシャツ、そして、床につくほど長い、手編みのタイダイのベストを着ていた。明るい茶色の髪を額の真ん中で分け、胸まで伸びたふさふさした髭をたくわえ、まん丸の小さなメガネの向こうから私を見た。アパートのドアを彼が開けた時、一瞬、時空を超えたような気がした。ジェファーソン・エアプレインとともに「ホワイト・ラビット」を歌うグレース・スリックの美しい声を耳にし、彼が吸っていた大麻の匂いを嗅ぎ、そして、床に座るために敷かれたラグと、散らばったカラフルなクッションの上を平和と愛の波が流れる感覚を体感することができた。サマー・オブ・ラブと呼ばれた一九六七年で時計が止まったまま、そんなことがありえるだろうか？

家主のグレッグは、コスチュームを着ていたわけではなかった。ヒッピーの生き残りの一人だった。サマー・オブ・ラブの震源地だったヘイト・ストリートとアシュベリー・ストリートの角から二ブロックのところに、生まれてからずっと住んできた。彼は、やはりベイエリアに生きてきたグレイトフル・デッドのファン、つまりデッドヘッドだった。彼はデッドのライブすべてに行った上に、その内容をよく覚えていた(LSDやその他のドラッグを幅広く使用してきたために、グレッグの記憶にはよく穴があったから、これは理解不能なことだった)。彼は働いていなかった。ゴールデン・ゲート・パークのそばの二軒の家とヘイト・アシュベリーのアパートを相続し、貸し出していたから働く必要がなかったのだ。そのアパートが、私たちがサンフランシスコで暮らした二年間、賃貸したものだった。音楽とドラッグ以外に、彼が愛していたのは編み物だった。彼のカラフルで時間に流されないリビング・ルームで、編み物をしながら、私たちは仲良くなった。

ヒッピーは、両親たちが信じた価値観をすべて拒絶した最初の世代だった。戦争に行くことを拒否し、九時から五時まで働くことに異を唱え、髪の毛を切らなかった。結婚ではなく自由な恋愛(フリーラブ)を求め、ドラッグを使って実験した。非暴力と平和を信じた優しい反逆児たちは、編み物を愛した。自分たちの衣類を作ることは、強い反資本主義のステイトメントであると信じ、スカート、セーター、ベスト、帽子、靴下、そしてハンドバッグからベルトまでアクセサリーすべてを編むことが、西洋の消費主義に抵抗する革命的行為だった。

グレッグは、サマー・オブ・ラブの最中に行われたゴールデン・ゲート・パークの屋外コンサートで編み物を学んだ。彼のそばに座っていたカップルが編み物を始めた。何人か人が集まり、彼らが何をしているのかを見ていると、そばに座っている人たちに糸と針が配られた。グレッグは参加を決めて、編み方を教えてもらった。ただそれだけだった。彼は生涯続く中毒者になったのだ。

もしかしたらドラッグかもしれないし、音楽、または糸の色だったかもしれないけど、わからない、と彼は私に言った。「編み方を覚えた瞬間に、針のまわりのヘビのような糸を見た時に、エルヴィスを初めて聴いてロックンロールに恋したように、編み物に恋をしたんだ」と言った。

そして続けた。「最初に編んだ衣類は、ストライプのベストだった。チャイナタウンの店で毛糸を買った。そこでは、違う色の毛糸が入ったバッグを重さで量り売っていた。ベストをコンサートに着て行ったら、友人たちがやってきて、どこで手に入れたのかを聞いてきた。編んだと言ったら、自分たちにも編んでほしいと頼まれた。職業として編み物を始め、コンサートやフェスティバルでベストを売り始めた。いつも、男性用と女性用の二枚おそろいの衣類を編んだ。当時のカップルには、同じ衣類を着たがる人が多かった。それが恋に落ちているのだとみんなに伝える方法だったんだ」。

一九七〇年代、ニットのベストはホットな大ヒット商品で、そのほとんどがユニセックスだった(巻末のパターン参照)。ロンドンは、ヨーロッパのヒッピー編み物ファッションの震源地だった。キングス・ロードのジーン・マシーン、ケンジントンのビバ、カーナビー・ストリートなどが、訪れるべきブティックだとされた。一九七一年に、一六歳で初めてロンドンを訪れた時、編み物の聖地巡りをした。まだスマートフォンはなく、カメラで服を撮ることはできなかったから、手の届かない驚異

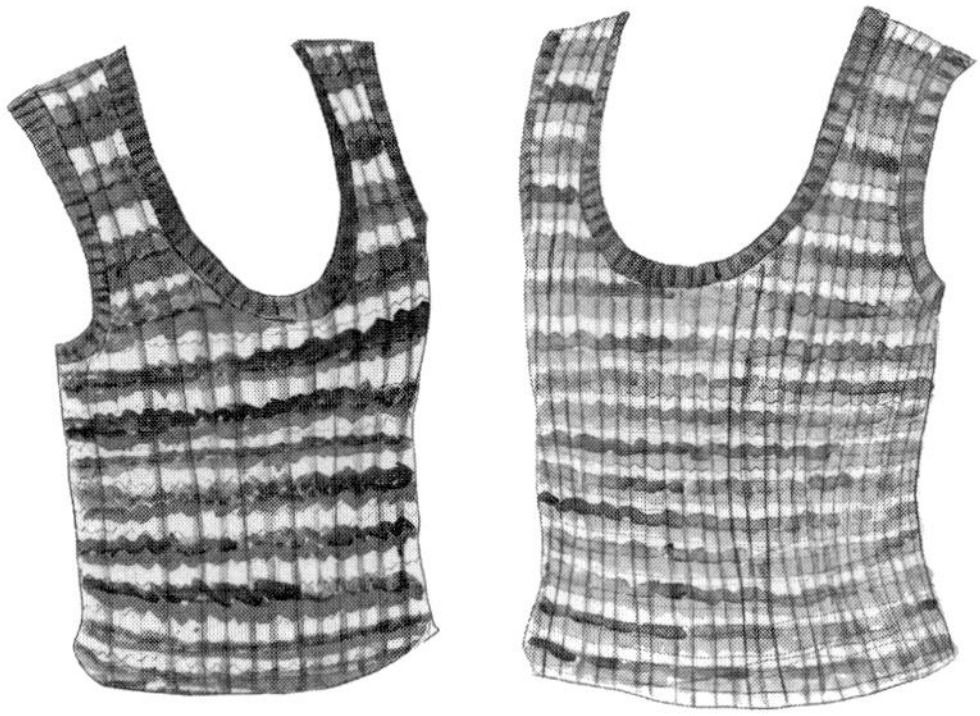

的な商品を記憶しなければならなかった。ニットのベストがそこら中にあって、すべてをコピーしたかった。編み目やパターンをじっくり見て、頭の中でやってみて、ノートに情報を書きつけた。

帰郷すると、祖母に会いに行った。生まれてから見た中で一番美しいと思った、柔らかく、やや光沢のある黒いレースのシェニール・ベストの様子を描写した。レースの編み方には繰り返しがなく、いくつかの幾何学模様が、ほとんど無計画のように編み込まれていたが、パターンを読み込むと、ロジックと、模様の位置には調和があるのだった。大きな模様の真ん中に小さな模様が浮いていて、編み地を立体的に見せていた。私は祖母に、レースと、裾に長いフリンジがついたベストのドローイングを見せた。編むのを手伝ってくれる？と聞いた。もちろん手伝うけれど、フリンジはなし、あなたはスクワウ(北米先住民の女性)ではないのだから、と彼女が言ったので、恥ずかしい気持ちになった。祖母はヒッピーのことを、甘やかされた子どもたちだと思っていて、彼らのファッション、特にエスニック系の衣類をありえないと思っていた。しかし、彼女はスーパーニッターで、チャレンジが好きだったし、シェニールのベストはそんな一枚だった。なにより、彼女は私を愛していた。

私はヒッピー・ファッションに夢中だった。それは、オリジナルでパーソナルな自由の表現であり、革命的だった。今日にいたっても、

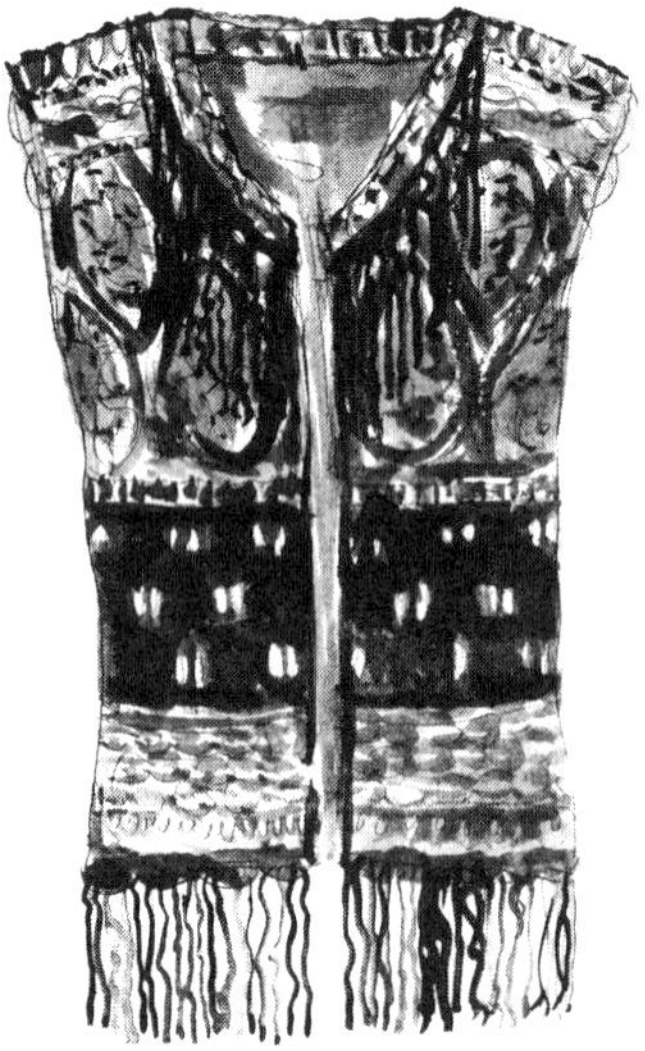

この頃の写真を見ると胸がうずく。ツイッターやフェイスブックやインスタグラム、その他のソーシャル・メディアではなく、服装を含む生活を通じた表現の自由がすべての時代だった。

グレッグは、その後もヒッピー・ファッションと、背景にある哲学に忠実であり続けた。ヒッピーたちのお気に入りであるインドの伝統的な衣服を着ていたが、それは、彼をベトナム戦争に送り込みかけた体制に反抗するステイトメントでもあった。

ある夜、テレビドラマ『ダラス』の再放送を観ながら編み物をしている時に、グレッグがベトナム戦争中に何が起きたのかを教えてくれた。「家族と一緒にテレビを観ていた時のことだ」。彼は言った。「徴兵の対象になる人の誕生日が、数が少ない順番から読まれていて、突然、自分が生まれた年と日が呼ばれた。戦争に行くことになった！　誰も一言の言葉も発せなかった。何が起きたのかを理解できずに、ただお互いを見つめあった。そして母が泣き始め、父は彼女を慰めて僕を元気付けるために何をすべきなのかを知らなかった。彼は、何もできずにただ部屋の真ん中に立っていた。幸いなことに、検査官が僕の心臓に不整脈を発見し、僕はベトナムへは行かなかった」。

「あのバカげた戦争で、何人かの友人を失った。若くて、美しく、ハッピーで、ついてなかった男たちを」とグレッグは言った。「彼らを覚えておくために、その名前を編み込んだブランケットを編み、落ち込んだ時は、自分に渡された命という贈り物を思い出すために、取り出して自分に巻きつける。ベトナム戦争の意味は、いまだに理解できない。冷戦やその他の政治情勢は理解できるけれど、何人ものアメリカ大統領が、若者たちを殺されるために派兵した論理がわからない。なぜ、もっと早く戦争をやめなかったのか？　たとえば初めに編み目を作りすぎたり、足りなくて形が間違っているとか、悪い編み手が、大きな、構造的な過ちを知りながら編み続けたみたいだった。体に合わないし、うまくいかないし、時間と糸を無駄にしていると知っているのに、それでもそれを続けるように」。

勇気。こうした悪い編み手に欠けていたのは、間違いを犯したことを認め、再出発することだ。ケネディ、ジョンソン、ニクソンは、絶対的に悪い編み手だった。

最初からやり直すために、編み地をほどくこと、手を放すこと、糸を引っ張ること、編んだ目をなかったことにする作業は苦痛だ。布になったものをほどきながら、自分の何時間もの作業がほどかれ、巻き戻されて、ねじれて傷んだ毛糸の玉になる様子を見ることになる。ひどく苦痛な作業である。けれど、時にはやらなければならない。

サンフランシスコにいた頃、私は胎児を失った。妊娠第一期の終わりに流産したのだ。病院にいく道すがら、赤ちゃんが生まれないことはわかっていた。子宮筋の収縮が、胎児を、私の妊娠を巻き戻す様子を体で感じていた。病院を出る頃には、自分の中には何も残っておらず、赤ちゃんは永遠にいなくなってしまったのだということを理解していた。

一週間後、グレッグが家に訪ねてきた。私は、子どものために編んだ衣類やブランケットの山を片付けていて、そう、泣いていた。彼は私の手をとって、ソファに座らせた。

「お気に入りの手編みのカシミアのカーディガンを洗濯機にかけ、九〇度のお湯で洗ってしまったと考えてみて」と彼は言った。「できあがったのは、硬く、粗い毛糸で、もう使うことはできない。あなたの愛するカーディガンではなくなってしまい、回復することはできない。全面的な失敗だ。あなたは、ショックを受け、屈辱的で、悲しく、責任を感じている。なぜならカーディガンを守り、洗濯機の中に紛れ込まないように気をつけておくべきだったから。けれどあなたは編む人間で、優れた編み手だから、カーディガンをまた編むことができる。失くしたものと同じにはならないけれど、別のもの、もしかしたら、最初のものより美しいものになるかもしれない」。

私は編み手で、素晴らしい編み手ではないけれど、そこそこ良い編み手で、そして、そう、別のカーディガンを編むことができる、と私は考えた。もう一人、子どもを持つことができるし、きっと持つことになるだろう。

最後にグレッグと話をしたのは、二〇〇二年の夏だった。彼は、その年、カナダのアルバータ州カルガリーから車で九〇分ほどのところにある遠隔のカナナスキス・リゾートで行われたG8サミット、グローバル・ニット・インから帰ってきたところだった。彼はサンフランシスコを離れるのだと言った。シリコンバレーが街の魔法を破壊してしまったから、インドに移住するのだと。アメリカを完全に離れる前に、二〇〇〇年にカルガリーで誕生した抗議団体、レボリューショナリー・ニッティング・サークル（革命的編み物サークル）からの呼びかけに応えていた。彼は、クラフティビズムと呼ばれる世界的な反体制運動に情熱を持っていた。それでも、自分の人生の糸が別の場所、カシミールの村落に導いていているのを感じていた。クラフティビズムについて聞いたことがない、というと、彼は驚いていた。私はどこに住んでいたのだろう？　なぜ世界的な編み物のネットワークとつながっていなかったのか？　編み物の大きな抵抗運動が進行していることに、なぜ気がつかなかったのだろうか？

所得格差から社会民主主義の崩壊まで、グローバリゼーションの暗部に挑戦する政治的ツールとしての編み物は、私たちの時代の秘中の秘のひとつである。支配階級は、政治的抗議としての編み物は、エキセントリックで狂った数少ないアクティビストたちに限定されたものだ、とメディアを説得することに成功したようだ。けれど現実は真逆だ。政治的抗議としての編み物は、二一世紀初頭から加速度的に成長し、参加者たちは、私たちの社会の何が間違っているのか、明確なビジョンを持っている。彼らのレトリックは、時としてマルクス主義を思い出させるほど革命的だ。目的は、権利を剝奪された人たちを編み物を通じて平和的にエンパワーすること。木のために編んだブランケットの写真をインスタグラムに投稿するミレニアル世代の趣味のプロジェクトではない。欲という大義名分のために進行する私たちの社会の解体、環境破壊、価値観の崩壊に対抗する、平和的で、力強いステイトメントである。

グレッグとこの会話をした後に発見した、グローバル・ニットインに向けたレボリューショナリー・ニッティング・サークルの呼びかけの文章にはこう書かれていた。「G8は民主主義国家のリーダーの集まりだと主張する。レボリューショナリー・ニッティング・サークルは、彼らはむしろその反対の存在だと宣言する。G8は、世界でもっとも裕福な人間たちが、リーダーたちにいかほども代表されない世界の圧倒的過半数の運命を決める会合だ」。これには賛成しかないが、私ならさらにG8に、G20、国際通貨基金、世界銀行まですべての国際的イニシアチブを付け加えるところだ。正義、民主主義、平等を推進し、貧困、犯罪や飢餓と闘い、戦争を回避し、難民を助け、地球を救うために、彼らがこれまで何をしたというのだろう？　答えは、読者に委ねたい。

サンフランシスコの魔法は消えてしまったというグレッグの見立ては正しく、私たちの世界は悪化した。けれどゴールデン・ゲート・ブリッジを越えて延びる命の糸が切れたわけではない。世界的な編み物のムーブメントは、その生きる証拠である。むしろ、命の糸は、一九六七年の夏と同じように、強く、固いものである。ただ、私たちの日常の中に積み上げられる大量の商品やアプリの隙間に、それを見つけさえすればいいのだ。

そう、私たちは難しい時代に生きていて、私たちの社会が今、編んでいるのは、またもや、複雑で、もっとも優れた編み手でも恐れるようなほとんど理解不能な戦争の編み図である。それは、家の前まで迫らずとも、私たちの魂の中にあるとらえどころのない戦争の図だ。そして再び、一目ずつ編みながら終わりにたどりつくまで、私たちには生き残るための勇気と強い決意が必要なのだ。現代の編み

手にはそれがあると、この本のリサーチと執筆するうちに発見した。
現代の世界的な編み物革命に、世界が気がつかないのは、メディアが政治的編み物を、何人かの才能あるアーティストによる芸術表現として見せてきたからかもしれない。けれど、この素晴らしいアーティストたちの後ろには、抗議の気持ちを共有し、編み物のパワーを理解する何百万という人たちが存在する。ひとりで編んだり、グループで編んだりすることで、ひび割れた世界を縫いつなぎ、政治家たちが日々開ける穴を繕い、戦争のパターンを終えて、再び平和の敷物を編み始められるよう、できるかぎりの速さで編んでいる。
二〇〇六年に、デンマーク人アーティストのマリアンヌ・ヨルゲンセンが、自国のイラク戦争への関与に抗議するために、戦車にピンクのポットカバーを編んだ。二〇〇五年には、リサ・アン・アワーバックが、イラク戦争の死者の数を編み込んだ「死体の数のミトン(Body Count Mittens)」という作品を作った。死者の数が増える速度が速すぎて、ペアを作る二つのミトンのうち、ひとつめに編まれる数字より、次に編まれるもう片方のミトンに編み込まれる数字のほうが大きくなる。こうした編み手たちは、世界的な編み物ムーブメントの先頭に立っているが、彼らを理解するためには、まず編み物というものが、時として孤立した個人の趣味である以上に、より大きな善のために人々を結びつける機動力なのだということを理解しなければならない。これが、編み物のパワーなのだ。

4　フェミニズムと糸の愛憎関係

この本を書きながら、自分の個人的なクライシスとも取り組まなくてはならない。自分の一番大きな財産であるアメリカの派手なスキーリゾートにある家を処分するまで持ち堪えられるよう、様々な財政計画を敷かなければならない。この戦略を成功させるためには、ロンドンの家を抵当に入れ、毎月の支払いをするために賃貸に出さなければいけない。

オフィスの荷造りをしながら、とても古い写真を見つけた。季節は冬で、私は六歳か七歳だったろう。スキー場のゲレンデの麓にいて、すぐ後ろに父の姿が見える。ちょうど山を降りてきたところに違いない。手いっぱいの雪にくらいついている。スキーをしている時、喉が渇くと、こうしていたことを思い出す。スロープの傾斜によって、父の胸が私の頭のすぐ後ろに写っている。この白黒の写真を何百万回と見てきた。けれど今日、初めて、この写真の風景が、最近、この本のリサーチの最中に見た一九六〇年代の女性誌の編み物の広告に驚くほど似ていることに気がついた。

その日のことはよく覚えている。冬の中盤のある晴れた日、私たちはローマの近くのスキーリゾート、テルミニッロでスキーをしていた。父と私は、ダークブルーに、白いトナカイと雪の結晶のモチーフが肩のまわりに入ったまったく同じノルディックのセーターを着ていた。父のセーターは祖母が編み、私のセーターは母が編んでいた。二人はスキー旅行の前に私たちを驚かせるために、こっそり編み物を敢行した。その朝、私たちは起床し、同じセーターを着用して、おそろいのスキーウェアを着た誇らしげな父と娘として、朝食に向かったのだった。

私が額に入れたこの写真を何十年もオフィスの棚に置いてきたのは、いつもこの日を自分の幸せだった時代と結びつけてきたからだ。父と私はスキーに行き、母と祖母は留守番をして弟の世話をし、家の面倒を見て、食事の準備をし、そして、そう、私たちのために編み物をしていたのだ。子どもの私は、なぜ母が一緒に来ないのか、なぜ冬の週末、妻が家事をする間に、父親は小さな娘とスキーをしていたのかについて考えなかった。私は伝統的な男女のジェンダー分断の中で育てられ、自分の本当の性分に気がついていなかった。父は、私を男の子のように育てた。私は肉体的に鍛えられ、恐れを知らず、学びが早くて、父が地の果てまで行こうと言えば喜んで従っただろう。母のことを、広い世界のことを、男性の目線、父親の目線で見ていた。母と自分が同じ性別に属していること、そして思春期を過ぎればおそらく彼女と同じ運命をたどる可能性が高いのだということを、知らなかった。

第二次世界大戦後の西洋社会では、女性たちは大抵の場合主婦として生き、男性たちは家族を養うために仕事に出かけ、誰もが消費者だった。完璧に絵になる夫婦というものは、経済的な観点から理にかなった社会の肖像だった。男たちは戦争から帰ってきて、仕事を必要としていた。男たちが留守にしている間、経済をまわし続けた女性たちは、家庭に戻った。女性たちは雇用市場で夫たちと競争することはできなかったし、子どもを産み、家族の面倒を見ることが任務だった。当時の資本主義は分業を必要とした。それが、戦争で疲弊した国家を再生させるための一番の近道だと信じられていたからだ。こうした国は、もうすぐ活気のある消費者市場、商品の販売先になっていくと考えられていた。

専業主婦と働く夫というパラダイムは、社会的な観点から見れば、伝統的な女性と男性の役割分担を、別の目的のために現代的に再設計したものだったから、異議を唱えることはできなかった。歴史的にも、大規模な政治的騒乱期の後にやってくる正常な時期には、常に、古典的なジェンダー分業の強化がついてきた。そして女性たちも、この移行を受け入れた。たとえばアメリカの独立戦争の後、手芸とスキルを使って歴史的出来事を可能にした女性たちは、男性たちに勝利を差し出し、進んで糸の檻の中に戻って行った。だから、戦争の狂気と破壊が終わった後の一九四五年には、このジェンダーのステレオタイプを、経済的また社会的に再び守ることが、平和と経済的安定を保証し、将来の世代のために、社会における心地よい繭《まゆ》のような場所を供給することでもあったのだ。

一九四〇年代の終わり、女性たちが反抗することを予想する人はいなかった。そして、一〇年以上は、女性たちは喜んで結婚と家庭に閉じ込められたように見えた。一九五〇年代を通じて、結婚は、西洋の若い女性の主な憧れだった。たとえばアメリカでは、女性の平均結婚年齢は二〇歳にまで低下し、大学に進学する女性の数はかなり減った。女性たちは、家族の面倒をみる専業主婦、そして母親として、結婚によってできた家庭に自分たちを固定した。しかし、過去と違って、女性たちは妻、母親という以上の存在になっていた。彼女たちは消費者だったのだ。経済成長が緊密に消費と結びつけられる社会では、人口の半分以上を占める女性たちを市場から締め出すことはできなかった。逆説的にいえば、現代の資本主義は、労働市場においては女性を忌避したが、知らず知らずのうちに、女性たちにより大きなパワーを手渡していた。女性を、最も重要な消費者に変貌させたのである。

編み物は、この新しい経済構造の一部だった。女性たちは、すでに人生の過酷さに立ち向かうために半世紀以上にわたり必死で編み物をしてきた。大恐慌の最中は、家族に衣類を着せるために、また二つの世界大戦の最中には、兵士たちに服を着せるために、針を動かしてきた。編み物は、有用かつ愛国的で、人種を選ばない手芸であり、年齢に関係のないスキルとして、社会のさまざまな階層にわたり、広く実践されていた。ティーンエージャーから老女まで、富裕層から中産階級、労働階級の女性まで、誰もが編み方を知っていた。第二次世界大戦の最中、着実に成長してきた糸の製造企業にとって、西洋の女性の人口は、これまでで最大の消費者市場を意味していた。

戦後の糸製造企業は、戦争に関係のある商品から民間人の必需品に生産を素早くシフトし、女性を主な消費者としてターゲットにした。編み物は、業界に牽引される手芸になった。過去には編み物のパターンは、世代を超えて伝えられるか、編み手によってデザインされるものだったが、一九四〇年代後半には、編み物業界がマーケティングのために編み図を作り始めた。糸製造メーカーは、編み図を出版社に供給し、彼らが本、雑誌、新聞に掲載した。こうした出版物は、モダンであるということは家族のための家庭の女神になるのを目指すことだという考えを広めるのに、大いに役立った。女性たちは、愛する人たちのために掃除、調理、編み物を学ばなければならなかった。私と父が写真の中で着ていたノルディック・セーターのようなユニセックスの編み図は、そうした目的を果たしていた。一枚の編み図から、複数の衣類を編むことを可能にした賢いマーケティング・ツールだったのだ。ユニセックス・ファッションは、戦後社会において核家族が果たした中心的役割を強化した。親と子どもはおそろいの手編みのユニフォームを着ていたのだ。

好景気が進むと、ファッションの世界は毛糸の棒針編みやかぎ針編みを見出し、糸の製造業者は、女性たちを、母や妻としてよりも、独立した消費者として標的にするようになった。言い換えれば、編み図は、女性たちが自分自身のために自分を喜ばせ、ファッショナブルで美しく見えることを奨励したということになるが、これは過去にはないことだった。一九五〇年代の終盤、フランスとイタリアにまたがるリビエラでは、女性たちが小さなグループごとにビーチパラソルの下で棒針編みやかぎ針編みをし、秋に着るためのシャネルのようなスーツやコート、冬に着るためのアンゴラセーター、買い物をする時に持つハンドバッグを作る姿を見ることが常だった。女性たちはパワフルな消費者であるのだという認識のはじまりだった。

当然、平和や幸せと緊密に結びついた核家族内でのジェンダー役割の分離は、ことのはじまりからおとぎ話だった。一九五〇年代には、強い文化的な底流がすでに流れていて、最終的には人権運動、女性解放運動、反戦運動として爆発するのである。

外の世界、無限の可能性を持つ世界に女性たちを誘う絶え間ないマーケティングのおかげで、家庭内の女神の洞窟に閉じ込められた多くの女性たちは、編み物の檻には制限が多すぎると感じるようになった。女性の大半が、結婚家庭の中でますます孤立した気持ちを感じ、自分の人生に何かが欠けているのだと感じていても、その理由を理解することはできなかった。あるいは、現実に直面するのを恐れすぎていたのかもしれない。一九六三年には、結婚するためにキャリアを諦めたパートタイムのジャーナリスト、ベティ・フリーダンが、『女らしさの神話』を出版してこのジレンマに対する答えを提供した。すぐにこの本は、アメリカのフェミニスト運動に影響を与える画期的な本になった。フリーダンは、アメリカの七大有名女子大のひとつであるスミス大学の同窓生にインタビューし、高学歴女性が感じていた深い不満を明らかにした。この女性たちは、自分たちにはいかなる決定権も、自らの才能を使う道もないと感じていた。結婚は、現実的には檻であり、どうやったら出られるのかわからない社会的、経済的な罠だった。彼女たちは、先人の女性たちと違って、糸の檻の壁に、完全に気がついていたのだった。

一九六〇年代、私の友人の母親の多くが、また私の母親が、このフラストレーションを体験した。

エリカ・ジョング〔アメリカのジャーナリスト〕が言ったように、彼女たちは名前のない問題を抱えて苦しんでいたのだった。自分たちの人生の何が間違っているのかわからず、なぜかはわからないけれど子どもたちや夫、完璧な家には満足していなかった。

女性たちは、炊事、掃除、家族の世話をし続けたが、自分たちのしていることに喜びはなかった。家事は重荷だったし、年季奉公の強制労働のようだった。

一九六〇年代中盤頃になると、若い娘たちの多くが、母親を従うべきでないロールモデルとして見ていた。家庭の女神というイメージをこきおろし、「女性であること」を再定義するために、世界を相手にした闘いを始めた。あらゆる主要な革命同様、フェミニストの運動は、ゼロ地点の状態に達して初めて再構築することができるのだった。女性の服従に結びつけられるすべてが抹消されなければならなかった。

「女性的な」手芸は、なんであっても男性支配のパラダイムを強化する道具として広く否定されたが、棒針編みやかぎ針編みに関しては、フェミニスト・ムーブメントの意見は分かれ、立場を決めることができなかった。編み物を、女性たちを家庭に縛りつけ、見えない、対価のない労働存在として忙殺してきた手芸とみなし、女性の抑圧の象徴だと考えるフェミニストもいた。彼女たちは、編み物が歴史を通じて持ってきた、政治的・革命的エンパワメントという一面に気がついていなかった。また、編み物が、人間の創造性を示す有効な手段であり続けたことを認めてもいなかった。編み物を楽しみ続け、またそうする余裕があった多くの若い女性が、私のように、これに反対した。棒針やかぎ針を、男性たちではなく、究極の支配構造である資本主義の表現から独立するために闘う上でのさらなる道具として見ていた。自分の衣類を作ることは、強い反大量消費主義のステイトメントで、その一例がヒッピー・ムーブメントだった。興味深いことに、このおかげで、「私は私のもの」という人気あるフェミニストのスローガンを、編み手がめいっぱい体現することが可能になった。女性の肉体を再び自分のものにするということは、ポルノ的な男性による搾取をはぎ取ることでもあったが、メインストリームのファッション製造業の外で、自分の好きなように装うことでもあった。

棒針編みやかぎ針編みに対するフェミニスト・ムーブメントの両面的な態度は、編み物は政治的なものではなく個人的なものだ、という考え方によって解消された。女性たちは会合や、セルフヘルプ、あるいは週ごとに行われたコンシャスネス・レイジングのミーティングの最中に編み物をしてもよいし、しないことを選択してもよかった。それは個人の裁量にまかされた。棒針編みとかぎ針編みは、中立的な行為だった。これは驚くべき事実である。フェミニスト運動の内部の最大のマントラは「個人的なことは、政治的なこと」だったから、中立は存在しなかった。すべてのことは政治的で、個人的なものなどなかったのだ。

編み物はどうやって中立的な存在になったのだろう？　考えられるベストな答えは、編み物が女性たちを抑圧する手芸である、という考え方が、擁護できないステレオタイプだったということだ。男性たちも何世紀も編み物をしてきたし、編み手たちは針や糸の奴隷にされたわけではなかった。むしろ逆に、パートナーのためにセーターを、または自分のためにポンチョを編む能力があることは、常に個人のスキルと創造性の表現、自由意志の行使の証明だったのだ。

私がイタリアのフェミニスト運動に参加していた時に、編み物をすることを編み手でない人から批判されなかったのは、おそらくそのためだろう。実際、女性、そして男性の友人たちに編み物を教え、彼らが熱心な編み手になるのを目の当たりにした。中でも一番喜ばれたものにニットのビキニがあった(巻末のパターン参照)。編み物をしない、興味のない人たちは、編み物を中立的な存在として受け入れた。編み物は、祝福こそされはしなくても、非難もされなかった。しかし、多くの編み手が、針と糸を、女性の解放と開放を促進するためのさらなる道具として使った。

一九七五年、私は、女性による避妊を提唱するローマのフェミニスト集団のメンバーだった。女性の婦人科医二人と、金曜日の午後に定例のミーティングを開いていた。私の仕事には、女性が最適な避妊方法を選択する手伝いをし、その体験について話し合うことが含まれていた。毎週、多くの女性たちが参加したが、戻ってくる人は少なかった。だから、戻ってきた数人のことは覚えていて、その中に、シチリア出身の母とティーンエージャーの娘がいた。彼女たちは、アッパーミドルクラスの裕福な人た

ちだった。静かに座り、他の女性たちの話に耳を傾けた。このミーティングでは、自分の体験を題材に、パートナーが避妊を避けることに頼るのではなく、避妊を選んだ理由を語ることを奨励するようにしていた。彼女たちをエンパワーし、自分の肉体やセックスライフの主導権を握ることを教えるために、他者に自分を全面的に開くことは、私たちの戦略のひとつだった。

私自身は、このミーティングの最中、編み物をしなかった。だいたい部屋の真ん中に立って、ディベートのモデレーターを務めたり、質問に答えたり、翌週のために婦人科の予約をしたりした。けれど、その金曜日、姿を現す女性は多くなかった。ミーティングは円滑に進み、そのグループに対してはある程度の気楽さを感じていたので、終盤、婦人科医が質問に答えている間、ベンチのひとつに座って、とりかかったばかりの黄麻《ジュート》のビーチバッグを編み始めた。

全員が部屋からいなくなるのを待って、母と娘の二人が接近してきた。母のほうが、プライベートな場所で話ができないかと聞いてきた。それは難しいと答えようとした。すべてのことは公に話されるべきだとルールで決まっていたからだが、娘の目の中にパニックがちらつくのが見えた。だから、ベンチに座って、話を聞くことに同意した。

彼女たちはそれまで嘘をついていた。本当は避妊が必要なのは、母ではなく、娘のほうだった。問題ないと伝えたが、二人は頭を横に振った。すぐに診察を必要としていた。娘は一八歳になったばかりで、翌週結婚することになっていた。そのリクエストに対応することはできない、翌週まで対応する人がいないし、手続きが決まっているのだと伝えた。そこで立ち去ろうとした時、二人が嘆願するように私を見ていることに気がついた。何かひどい秘密を抱えているのだろうと気がついた。彼女たちは、必死で助けを必要としていて、それを提供できるのは私だけなのだった。

私は、彼女たちに待つようにいって、婦人科の医師が帰り支度をしている部屋に行った。例外として、すぐに診断を行えないかを聞いた。どんな問題が起きているのかを聞かれたので、私は本当のことを言った。私にはわからない、けれど、きわめて大切な理由があることはわかっている、そして、母と娘は怯え切っていて話ができない、と伝えた。彼女は、二人に会うことを承諾してくれた。

私が戻った時、母親は、片手で私の編み物を、もう片手で編み図を持っていた。私の姿を認めると、謝りながらそれをベンチに戻した。「編み物をするの?」と私は聞いた。彼女はすると答え、ミーティングに向かって急いでいたから忘れたのだと言った。私は、編み物を入れたバッグを手に取り、編み図を入れて、彼女に手渡し、診察室に二人を連れていった。「私よりも、あなたのほうが必要としているはず」と伝えた。「今度、娘さんと、これまでのストーリーと一緒に持ってきて」。

一カ月後、二人が、美しく編まれたジュート素材のバッグと、悲劇とはいえハッピーエンディングのストーリーを持って戻ってきた。娘は、父親がした約束によって、ずっと年上で有力者の遠縁のいとこと結婚することになっていた。母は、夫に反抗することを恐れていたが、この問題に自分で立ち向かうことを決めた。彼女は、私たちのグループに連絡をし、娘の避妊を助けることに決めた。結婚を止めることができなくても、一八歳の娘が愛さない男性の子どもを孕むことなら阻めると考えたのだ。

結婚の二日前、娘は、自分の人生を自分の手に取り戻すことを決断をし、この決められた結婚を拒否した。母の助けを借りてスイスに引っ越し、高校を卒業するために寄宿学校に入学した。私たちと会い、組織について知ったことが、母親には娘を守る勇気と強さを、娘には自分の人生の舵を取る意志を与えたのだった。部屋にいた女性たちは、自然に拍手を始めた。それは私の記憶の宝箱に永遠に入った、女性のエンパワメントの魔法の瞬間だった。

伝統的に男性的とされてきた役割をこなすことや、家事を放棄することが女性の解放とは関係がないことが明確になり、またヒッピー運動が公に主張していたように、平等には、定義の上でジェンダーも、人種も、社会的地位もないのだと認めた時、編み物はフェミニズムの前線に完全に到達した。興味深いことに、男性たちも、料理のような、伝統的に女性によって担われてきた家庭内の創作的な行為を担うようになっていた。一九九〇年代後半と二〇〇〇年代初頭の料理革命は、『バスト』という雑誌の創刊者で編集者であるデビー・ストーラーが、『ステッチン・ビッチ』という本の中で要約したことを証明している。それはこういうことだ。フェミニスト運動は、男性が行うこと、家庭外の活動に重きを置いてきた伝統的な社会のステレオタイプをひっくり返したりはしなかった。本当の社会改革は、女性たちが常にやってきた仕事が、文化全体から同じように評価される時にこそやってくるのだ。男性の編み物は、男性の料理ほどありふれた存在ではないが、加速度的に、ジェンダー、人種、社会的ステータスを超越するアクティビティになりつつある。あらゆるステレオタイプから自由な存在として、我々すべてに他者の多様性を受け入れることを教えてくれる。これがグローバリゼーション後の世界で、編むことの力が持つ、特筆すべき性質のまたひとつの形である。

マガリ・ル・ユシュは、フランスの著名な作家で絵本のイラストレーターだ。二〇〇八年に『エクトル、特別に強い男(Hector, l'homme extraordinairement fort)』を出版した。エクトルは、誰もが独特の個性を持つサーカスで働いている。彼の個性は、並外れて強いということだ。指一本で、洗濯機二台を持ち上げることができた。けれどエクトルには秘密がある。彼が暮らす馬車の下に作った部屋で、お気に入りの行為、編み物に没頭するのだ。「一目一目、アンゴラからモヘアまで、ウールからコットンまで、編み物が俺の情熱なのさ」と彼は歌う。

ある日、ライオンとヒョウの調教師たちが、彼の秘密を発見し、彼をからかうために、編んだものを盗んで、サーカスのテントの外に陳列する。彼らは笑いながら、エクトルのことを、特別に強い男としてではなく、特別に編み物に正気を失った男、つまりフリークとして扱う。

エクトルには自分に同情している時間はない。なぜなら、特別に強い風がテントを揺るがし始め、エクトルの編み物を風に飛ばしつつあるから。まもなく人々の衣類を含むすべてが風に飛んでいた。ついに風がおさまった時、誰もが裸で、体にまとうものはもう残っていない。

エクトルが密かに愛していたダンサー、レオポルディーヌは裸の状態で、彼女のために編んだ美しいチュチュを手にしたエクトルの姿を、彼の馬車の外に見つける。レオポルディーヌはそれを身につけ、みんなを集めて、エクトルに編み物を教えてくれるように頼む。しばらくすると、誰もが「一目一目、アンゴラからモヘアまで、ウールからコットンまで、編み物が俺たちの情熱なのさ」と歌うようになる。彼らは、衣類、そして新しいサーカスのためのテントを編み、そこを「二番目に特別なサーカス」と名付ける。そしてそこでは、エクトルとレオポルディーヌが、編み物をしながらダンスをする演目が、一番高い評価を得ることになる。

ステレオタイプを打ち破ることは、進歩への長い行進の一部だ。それは破壊的で、時には反体制的行為であり、フェミニスト・ムーブメントの女性たちは、この革命の波に乗ることに成功し、今日までそのサーフィンを続けている。けれど社会の変革は、ひとつのジェンダーに集中したり、ひとつの人種、またはある社会グループに限定されてはならない。真の社会変化は常に万人に共通のもので、普遍性が反抗の原動力なのだ。男性、クィア、トランスジェンダーによる編み物は、特に公の場で行われる時、その時代に対して、マスキュリン、フェミニンの定義に対する疑問を投げかける先頭に立ってきた。編み物は、日常生活の中で、ジェンダーはこういうものだという社会の目線に挑戦することができる。そして編み物をすることでさらなる多様性を受け入れるよう背中を押し、私たちの魂はこのプロセスを通じて輝くことができる。

二〇一七年、ルイス・ボリアがニューヨークの地下鉄で編み物をしているところを写真に撮られた。歌手のフレンチィ・デイビスによって投稿されたこの写真は、すぐにソーシャル・メディア上で拡散された。女性だけが、家の中でだけするものだという編み物の伝統的固定観念を壊した写真は、多くの人にインスピレーションを与えた。このイメージが、糸の檻の柱の最後の一本をこじ開ける助けになったのだ。

ボリアと編み物の愛の物語は、新たに知られる事実となった。彼の祖母は、ティーンエージャーだった彼にかぎ針編みを教えようとしたが、ボリアはかぎ針編みを好きにならなかった。何年も経ってから、針と糸を持って編み物をするように、空中で自分の手を動かしている夢を見て、それがとても心地よかったために、編み物を学ぶことにした。彼はすぐに夢中になった。隙あらば編み物をしたかったが、公の場で、地下鉄で、またはバスで編むことを恐れていた。彼を邪魔していたのは、編み物は女性の手芸であるという固定観念だった。ジャッジされたくなかったのだ。けれど同時に、自分が、編み物を入れたカバンを持って仕事にいく時、毎日片道一時間一五分という地下鉄で過ごす時間を無駄にしていることもわかっていた。公の場で編み物を取り出す勇気を出すのには少しの時間がかかったが、地下鉄で編み物を始めると同時に、人々が寄ってきて編み物について質問をするようになった。地下鉄の人々は彼を受け入れた。彼らは善良だったのだ。

地下鉄での編み物はボリアの人生を変えた。今、彼は、ブルックリン・ボーイ・ニッツという編み物の事業を行い、手編みの衣類を生産していて、自分の夢を体現しているという充足感を感じている。けれど、編み物は、彼を恐れから解放するのにも役に立った。糸の檻は、主に女性たちを閉じ込めてきたかもしれないが、その他の人々、たくさんの人々のことも閉じ込めてきたのだった。

糸の檻は、一本ずつ、こじ開けられてきた。女性によって、時には男性によって取り除かれてきたが、全員が編み手だった。こうした解放者の中に、二〇一九年七月に、初のヘヴィーメタル・ニッティング・ワールド・チャンピオンシップを企画したフィンランドのヘヴィーメタルのミュージシャンたちがいた。参加者の多くがコスチュームに身を包み、バックバンドの音に合わせて、ステージ上で猛烈な勢いで編み物をしていた。

もうほとんど境界線は残っていない。私たち編み手、そして未来の編み手たちは、どんどん自由になっている。私たちを定義するのは、私たちを結びつける糸、私たちが一緒に、すべての場所で、永遠に紡ぎ編む、自然からの贈り物なのだ。糸の檻から抜け出すのだ。

5　ウール・イズ・クール

デレクは、サウスロンドン出身の五〇代のペインターで、ラスタファリアン〔一九三〇年代にジャマイカで始まった労働者と農民たちの宗教的思想運動の信奉者〕であり、私が持ち家を貸しに出す前に、部屋のペンキを塗る仕事に雇った人だ。ある日、彼がペンキを塗り終えようとする居間の片隅で編み物をしていると、彼が何度もこちらを見ていることに気がついた。その時、その何年か前にミラノで購入して、古い編み物用バッグの底に忘れていた、きわめて細いシルク・カシミアを使ったチャコールのレースのショールを編んでいた。倉庫を整理している時に、貴重な糸とパターンの入ったバッグを見つけたのである。それを発見してあまりに嬉しかったので、その夜、スカーフを編み始めていた。パターンは複雑で、コツをつかむまで集中しなければならなかったのだが、デレクが示した関心に気を取られていた。

　ついに「編み物をするの？」と、聞いてみた。彼は頭を横に振ったが、孤児院にいた時にやっていた、と付け加えた。怒りを鎮める唯一の行為だったから好きだったのだ、と。彼のためにお茶を淹れて、そのストーリーを話してくれるようにお願いした。

「一一歳の時に、バーミンガムからロンドンに引っ越したんだ」と彼は話し始めた。「母は秘書として働いていて、僕らの文化の習慣にならい、最年長の子どもだった僕を仕事に連れていき、弟と妹を、バーミンガムの知り合いに預けた。みんなが住めるロンドンの家を借りられるようにお金を貯める計画だったが、彼女は重い病気になった。医者たちは、腎臓の移植が必要だと言った。ドナーを待っている間に、ソーシャルワーカーたちが、バーミンガムの路上に暮らす弟と妹を見つけた。まだ八歳と九歳だった。彼らの面倒を見るはずの人たちに突然放り出されていた。理由はわからないままだけれど、母が病気だったから、送金がなくなることを恐れたのだと疑っている。弟と妹はロンドンに連れてこられて、児童養護施設に入れられた」。

「とにかくとても怒っていたことを覚えている。弟と妹を古い家具のように扱った人たち、移植をしなければならないといった医師たち、会ったこともなく、誰だかもわからない父親に。とにかく怒り、怒り、怒っていた。母のことは愛していて、愛ゆえに守りたかったけれど、自分は子どもで、ひとりぼっちだった」。

「母の家族は、もともとジャマイカ出身で、カナダに移住していた。母はイギリスにはひとりで来た。理由は、自分にはわからない。だから親戚もいなくて、助けてくれる人はいなかった。本当に、孤立していた」。

デレクに、母親から編み物を教えてもらったのかを聞いた。答えはノーだったけれど、数分前に私

を見ていたように、母が編み物をするのを見ていたのだと言った。複雑な箇所をやっている時でも、編む人のまわりには輝きが、平和のオーラがある、と彼は言った。編み物をしている時、心は、ネガティブな考えを空っぽにして、リラックスするのだ。
「編み物は、心のヨガなの」と私は言った。彼は微笑み、巨大なラスタハットの中に入っていたドレッドヘアを調整して頷き、ストーリーの先を続けた。
「母は、移植の数日後に亡くなった。その後すぐに、僕も児童養護施設に入れられた。悪い場所ではなかったけれど、嫌いだった。僕は制御できない状態だった。内側にたくさんの怒りを抱えていたから、逃げ出したこともあるし、人と喧嘩になったりした。ラスタファリアンになったのはその頃だ。肉を食べるのをやめて、髪の毛を伸ばした。レインボーの色のラスタハット(巻末のパターン参照)がとにかくほしくて、編み物を教えてもらった時、その帽子を編みたいと言った。毛糸とパターンを手に入れ、何時間も編み物をした。母親が死んでから、初めて平和な状態になり、その帽子が完成した時、自分自身でやりとげたことを、とても誇りに思った」。
「思えば、自分にとってはとても暗い時代だった。迷子だったたし、敵意いっぱいに見えた世界の中で、ひとりだった。その中で、数少ない輝ける記憶は、帽子を編んで、施設のカフェテリアで誇り高くかぶったこととか、編み物を教えてくれた女性の家で、週末編んだり、食べたり、おしゃべりしたり、笑ったり、テレビ番組「トップ・オブ・ザ・ポップス」を観たり、さらに編み物をしたこと」。

デレクが去った後、話してくれたことを反芻した。私も、人生の中で、暗い時期にいた。どういうわけか、私はもう何年も前に夫を失っていたのだった。彼は別人になっていて、私がそれに気がついたのは、数週間前だった。何年も私を欺き、どんどんリスクの高い事業の話に貯金をつぎ込んでいた間、同じ人間であるふりをしていた。彼のしたことは金銭的不貞と呼ぶらしいが、私は狂気と呼んでいる。そして私も、敵意に満ちた世界に支配されたような気持ちでいたが、怒ってはいなかった。心の底から、とても悲しかった。幸いなことに、この本を書くことが、危険いっぱいの海の中の救命ボートであり、安全な岸に導いてくれるコンパスにもなっていた。これが、デレクにとって帽子を編むことが意味したことなのだろうか？　表目、裏目と編んでいくことが、彼が怒りに対処し、心の安定を見つけることを助けたのだ。

私にとって、書くことと編むことの違いは、編むことは葛藤ではないということだ。複雑なパターンを追い、間違いを繰り返して、作ったものをほどかなければいけなくなっても、怒ったり、文章を通じて考えを伝えることに持つフラストレーションを感じたりすることはない。一般的に、編み手は、心を空っぽにするという言い訳のもと、フラストレーションを脱するために編み物を放り出して走りにいったりはしない。充電するために、編み物を何日も放棄したりはしない。プロジェクトに対して疑いの気持ちを持たない。作業を続けるのは、裏目、表目の繰り返しに、心を鎮め、安定させる効果があって、さらに楽しいからで、出来上がる作品は、ただのボーナスなのだった。

少し前に、ニット・オームという名のブログに遭遇して、編み物とオームのマントラの関係に好奇心を刺激された。このブログで、父親を亡くした後に、彼の思い出を生きながらえさせるために編み物を始めたアメリカ人の女性のストーリーを読んだ。彼女は編み図と民俗的なストーリーで知られる国、ノルウェイに生まれた父親と祖父に育てられた。男性たちは二人とも素晴らしい語り手で、彼女の子ども時代は、巨人や小人たちの物語で溢れていた。ニッセンと呼ばれる小人は、いたずら好きの生き物で、円錐型の帽子やストッキング・キャップと呼ばれる帽子をかぶっていた。ノルウェイ人のように編み物をすることが、父と祖父とのつながりを維持し、過去、現在、未来をつなぐ思い出の橋を強固に築くための最良の方法のように思えた。

彼女は、輪針とノルウェイのずきんの編み図と糸を購入し、YouTubeで編み物のやり方を示す動画を見た。そして、最初の段の目を立て始めた。学ぶのにはしばらくの時間がかかった。何度も巻き戻しては、目の立て方を見返した。ついにやり方を理解した時、彼女の編み目は均等ではなかった。緩すぎるところもあれば、きつすぎるところもあった。それでも彼女は編み続け、何段かを編んだ時、自分が捻れたぐちゃぐちゃを編んでいることに気がついた。彼女は、輪針に立てた目が、同じ方向を向いていなければいけないことを知らなかった。ずきんではなくて、乱れたらせんを編んでいるのだった。だからそれをはぎとって、再び、最初から始めた。

ブログの投稿の中で、女性は、編んでは、できたものをほどく、という繰り返しに何日もを費やし、そのたびに新しい間違いを犯したことに気がついたと振り返っている。それでも、彼女は最初の回と同じ意志と、約束を果たすような気持ちを持って、目を立て続けた。フラストレーションに屈するどころか、目を立てることが上手になっても、そしてノルウェイのずきんの古典的な黒と白の毛糸を編みながらも、自分が間違えることを予想し、間違えた時には編みをほどいて、最初から始めた。

彼女は、何日も、何週間もの時間を、編んではほどくことに費やした。買った安いアクリルの糸が切れ始めた時、ユリシーズの帰宅を待つペネロペではないが、編んではほどく儀式に耐えられる、よりクオリティの高い糸を購入した。何週間にもわたる追悼の時間の間、目を立て、編み、目をすくい、ほどき、を何度も何度も繰り返した時に、彼女の震える手を握ってくれた古い友人であるかのように、ついに完成した着ることのできる円状の衣類に挨拶をした。

デレクは、正しいやり方で帽子を編めるようになるまで、何度かはほどく作業をしなければいけなかっただろう。現代アメリカのペネロペとは違って、彼は良い帽子を作った。けれど、彼と彼女を喪失から解放したのは、編まれた衣類の美しさや完璧さではなくて、それを作るプロセスなのだった。

昨晩、私は、自分が忘れている貴重な糸の玉を見つけるのではないかと期待しながら、編み物用バッグの中をさぐり、手持ちの毛糸の量を調べた。ショールを編み終えたが、金銭的に破綻しているので、お気に入りの毛糸ショップで高い毛糸を買うことができない。だからかわりに、チェルシーにあるオックスファム〔貧困根絶を目指す国際NGO〕のスリフトショップ〔中古品店〕に行って、帽子を編むのに使えるカシミアの古いセーターがあるかをチェックした。過去にも、極細の糸を探すためにやったことがある行為だ。セーターの一番下の縫い目を正しいやり方ではずし、糸を巻けばいいだけだ。機械編みは完全に均等で、結び目がないから、糸を巻いて大きな玉にするのは時間もかからないし簡単だ。残念ながら、スリフトショップで気に入ったものを見つけられなかったから、自分の在庫に立ち戻らなければならなかった。

それぞれのバッグの底に、いつもの絡み合った乱雑な糸の塊があった。小さい枕くらい大きなものもあれば、虹のように明るいものもあった。大きく息を吸って、最初の塊をつかみ、ほどく作業を始めた。一時間以上はやっていただろうか、ついに、互いから引き離した五つの毛糸玉を見た時、やり遂げたという馴染みのある感覚を覚えた。

最近、私を担当している若いヘアスタイリストが、自分の精神科医はまったく同じプロセスを使って、辛い時期を乗り越えるのを助けてくれたと教えてくれた。精神科医は、複数の色を使って、からまりあった糸の塊を描くように指導する。彼女が最初のドローイングを見せてくれた時、私は笑顔になった。懐かしいものに見えたのだ。これまで、何度、いろんな色の毛糸玉をほどき、何時間もかけて、一本ずつ糸を引き出し、結び目をほどき、次の結び目が出てくるまで優しく糸を引っ張ったり、毛糸を緩めるために塊の片端を開いたりしてきただろうか？　ぐちゃぐちゃになった塊から、糸を解放し、毛糸玉に巻いて、編み物用バッグに戻すのに、何度時間を費やしてきただろうか？

「その頃、辛い時期だった」と美容師は言った。「ボーイフレンドと別れたのは、彼が自分の正しい相手でないことがわかっていたから。浮気をしたし、ナルシストだった。それでも感情的には、まだこの関係に依存していた。体調を崩し、免疫系は正常に機能していなかったけれど、私に何が起きているのかを理解できる人はいないようだった。職業的にも、迷っていた。仕事は愛しているけれど、その時働いていたサロンのことは嫌いで、でも離れる勇気は持っていなかった。ひとり暮らしをするのに十分な収入はなかったから、他の人たちと一緒にフラット〔アパート〕の一部屋を借りた。同居人たちはまあまあだったけど、仲良くはならなかった。その頃、誰ともうまくやれなかった。閉じ込められたような気持ちだった」。

「精神科医は、絡まった毛糸の塊は、私の人生の様々な糸を象徴しているのだと言った。つまり、私は、精神的、実存的、職業的、社会的にぐちゃぐちゃな状態だった。それぞれの問題を色で表現しなければならなかった。ボーイフレンドは赤い糸、仕事は黄色い糸、というように。私がしなければいけないのは、塊を一色ずつほどくことだった」。

「ボーイフレンドと別れても、自分の気持ちは改善しなかった。たくさんの糸が絡まり合った塊の中で、彼との関係は、そのうちの一つにすぎなかったから、問題の解決にはならなかった。糸を切ること、関係を断つことは、塊全体をほどくことにはならなかったから、状況をさらに悪くさせた。それどころか、赤い糸の一部、問題の一部を、塊の真ん中に残した。改善するには糸を一本ずつ引っ張るしかなかった」。

彼女が話す間、祖母が同じことを言うのが聞こえるようだった。糸は絶対に切らない、ほどく時には、一本ずつ解放することを目指しなさい。結び目があまりに硬く、糸が細すぎて切れ始めている例外的な状況の時だけ、切ってもよい。けれど、一本だけではダメで、何本か切らなければならない。糸を切ることは、屈服することだ。いや、それ以下かもしれない。美容師に精神科医が言ったように、それは人生を捨てることだから。

「最初は大きくて苦痛なタスクに見えたけれど、それは心を鎮めるルーティーンになった」と美容師は続けた。「毎日、何時間をも費やして、問題をひとつずつほどき、他の糸から引き離し、結び目を見ては緩め、そのたびにほどく作業をより簡単にするために、一本の糸に集中した。作業が進むにつれて、新しい塊の絵を描いた。最初の一本を抜き取った時、色ごとに糸玉に巻いて、塊の横に置いた。ゆっくりと、ひとつひとつ違う色の糸玉を集め、その間に塊は小さく、緩くなって、最後にはなくなった。毛糸玉の列を描くと、自分の手の中に感じられるようだった。ひとつずつ、編み物用バッグの中に入れた。私の人生は、秩序と平和で満たされ、そこには前に進む道があった」。

彼女は、すべてのドローイングを見せてくれて、最後の一枚では、毛糸玉がバッグにきれいに並べられていた。全てに塊と同じ色が使われていたが、最後の一枚だけ、より豊かに、明るく見えることに気がついた。何度か上から描いたから、塊になっていた時についた埃が洗い流されたように、より明るく見えたのだ。

祖母は、政治と経済から心身の癒しまで、編み物には三六〇度の方向に届くパワーがあると信じていた。より現代的な言い方をすれば、祖母は「毛糸《ウール》はクールだ」と確信していた。彼女の信条は、個人的な体験に基づいていて、その知恵は私に伝授された。今、編み物はクールなものであり、心身に良いのだということを示す科学的な研究がたくさんある。そのうちのひとつをあげれば十分だろう。「編み物とウェルビーイング」という、世界中にいる編み手の三五四五人が参加したオンラインの調査の結果をもとにして書かれた学術的な論文だ。

この論文の共同執筆者のひとりで、編み物をセラピーの実践として推奨する団体スティッチリンクスを創設したイギリス人の理学療法士ベサン・コークヒルは、こう書いている。「セラピーとしての編み物は、痛み、メンタルヘルス、認知症、依存症の体験に対処するために使われている。セラピーとしての編み物を行う集団は、目的や創造性、成功、報い、楽しみなどを奨励しているが、こうしたことは、自分の人生にこうした体験の場を持たない人々にとって、特に重要なことである」。

要約すると、編み物は、人生の予測不可能な闇の瞬間に対処することを助けてくれるのだということになる。

しばらく前に、ストックホルムに住む、がんを患った大切な友人に会いに行った。ある朝、化学療法の治療のために、病院に同行した。編み物と本を持って行った。早朝で、待合室には何人か人がいたけれど、多くの患者が到着する前だった。病院にしては奇妙に心地の良い部屋を見渡した。小さな肘掛け椅子、高価なエスプレッソマシーン、無声で、下辺のキャプションに流れるニュースを映し出すテレビ、中庭に面したドアのついた大きなガラスの壁があった。編み物を取り出し、目を進め始めた。

あるカップルがやってきて、私の前に座った。六〇代後半だろうか、長いこと結婚しているのだろうと考えた。男性はコートを脱いでコーヒーマシーンの方に行った。女性は、大きなハンドバッグから、編み物を取り出した。彼女は、輪針で、四歳か五歳の子どものためのドレスらしきものを編んでいて、水色のコットンの糸だったから、夏のドレスだろうと考えた。彼女が編んでいたのは、きわめて複雑なもので、浮き上がった貝の列と、上部にはレースの紋章が入っていた。美しいパターンで、コットンの糸のおかげで貝の端は軽く見え、遠くからは波のように見えた。明らかに彼女は編み図を持っておらず、配列を覚えているからチャートを必要としていなかった。

ある時、私たちの目があって、彼女が笑いかけてくれた。私は、孫のためにマルチカラーのドレスを編んでいて、一一月だったのでウールを使っていた。私の編みは単調で、トップがウエストで切り替わるところにひとつ単純なモチーフがついているだけだった。けれど、毛糸はきわめて魅力的で、虹のストライプのような生地ができあがっていた。

看護師が入ってきて彼女と言葉を交わし、二人は一緒に出て行き、夫もそれについて行った。彼女の編み物は、座っていた肘掛け椅子に置かれた。数分待ってみたが、女性も夫も戻ってこないので、立ち上がって彼女が編んでいた配列を間近で見た。彼女の作品を見るためにかがむと、私の背後で誰かが何かをスウェーデン語で言った。それは女性の夫で、私の当惑を見て、英語に切り替えてくれた。

彼が編み図を見せてくれたが、もちろんスウェーデン語で書かれていた。写真を撮って、メモをし、お礼を言った。そこで彼が、女性のバッグから自分の編み物を取り出したことに気がついた。

わかったことには、ピーターとイングリッドは六〇代後半で、結婚して四〇年以上だった。四人の子どもがいて、六人の孫がいた。人生はずっと好調だったが、イングリッドが重い肝臓がんにかかって状況が変わった。もう何年かは闘病していた。最近になってしばらく寛解していたがんが再発して、他の臓器を侵していた。現代の医療によって、イングリッドは予想より長く生きていたが、彼らも最終的にこの闘いに勝てるとは思っていなかった。

イングリッドはいつも編み物をしてきた。病気になった時、似た病気に苦しむ男性や女性がチャリティのために編み物をするクラブに入った。彼らの作った編み物は、スウェーデンに何も持たずに到着した難民たちに渡された。彼女が編んでいたものは、姉の結婚式でフラワーガールを務めることになったシリア人の女の子のためのものだった。

ピーターは、イングリッドのがんが最初に再発した時に編み物を始めた。彼は彼女を失うという悪夢から逃避するための、何かリラックスできることを必要としていた。二度目の病気は、彼の不安を引き起こし、それによって高血圧、高コレステロール、心臓の動悸が併発した。イングリッドは編み物が健康を改善するのではと示唆したのだが、それは正しかった。編んだり、縫ったりすることが、彼が心を鎮め、不安を抑え、血圧とコレステロール値を下げることを助け、動悸はなくなった。もちろん、処方薬も摂っていたが、編み物を始めてからは医師たちはその量を大幅に減らした。

ピーターは、チャリティのためではなく、政治のために編み物をした。それを教えてくれた時、私は彼のことをうっとりと見た。ヤーン・ボマー〔公共空間で物体を編み物で覆う人たち〕かしら？ と聞くと、彼は違うと笑った。彼は、街を徘徊して記念碑を編み物で覆うグラフィティ行為をするほど若くはなかった。政治的な編み手だったのだ。彼は抗議のために四角いモチーフやボタンを編んでいた。コレクションを見せてくれたが、吸い込まれるように惹きつけられた。ボタンは、フェイスブックやアマゾン、議会の役割についての知識を広めるために、四角い生地は、移民排斥政策を非難するためのものだった。特に「we, the people〔私たち人民〕」が政治家たちを監視していることを思い起こさせる意図でデザインされたイーヴィル・アイのついた手袋が気に入った。

ピーターがこういった作品をどうしていたかというと、公共の場所、たとえば図書館や、映画館の座席、スーパーの棚といった、誰かが手にとって見て、何を意味するのかを考えるかもしれないところに置いたのだった。

私は、ピーターはヤーン・ボマーだと考えたが、彼はそれを知らないのか、または謙遜して認めなかった。彼にとって本当に重要なのは、イングリッドの病気という暗くて長いトンネルにいる間、連帯や政治的なつながりを感じられることだった。編み物は彼にとって二重に恩恵のあることだった。彼の肉体的、さらに精神的な健康を改善したのである。

友人の家に戻った時、knittingpolitics.wordpress.com というピーターが口にしたウェブページを検索した。彼らが誰なのかはわからなかった。サイトには「編み物をするために訪れ、政治のために滞留してください」と書いてあった。編まれた四角い生地やボタンの写真に続き、政治的な声明や宣言が書かれていた。ページの下部には、人々が使うことのできる編み物のパターンが提供されていた。ツイッターのアカウントのフォロワーは三六〇人しかいなかった！　それでも彼らは存在していて、ピーターは彼らのことを見つけたのだ。それが、彼にとって意味のあることのすべてだった。

ピーターとイングリッドの話を聞いて、祖母の知恵が風となって再び自分の上を吹いているのを感じた。編み物をするという理由で、私たちは国境を越えた糸によってつながっている。その糸は、自然によって生み出され、私たちが紡いだ素材が塊となってできた、長い、確かな糸なのだった。私たちをつなぐのは、凍てつくような冷たさを持つサイバーユニバースの中にあるフェイスブックのページやツイッターアカウントではなく、私たちの地球の恵みであるウール、シルク、コットン、そしてそれを、体や心のニーズのためにどう使うか、ということなのだった。エジプトの綿畑から、スウェーデンの羊のウール、モンゴルのヤクの毛まで、私たちが編む糸は、私たち全員がこの地球に属し、また命の奇跡の一部であることを思い出させてくれる。

一目ずつ編む時に暗唱するマントラは、人生のオームだ。私たちはひとりじゃない。痛み、悲しみ、絶望を、そして希望、喜びと幸せを共有しているのだ。

6　編み物のネットワークの魔法

開拓時代の女性たちは編み手だった。他の人よりもうまい人も、そうでない人もいたが、編み物は、常に動く開拓の最先端に向かって進む西部の旅路では必要なスキルだった。西に向けた旅に出る前に、女性たちは靴下、ロングジョン、セーター、帽子、スカーフ、ブランケットなど、長く危険な旅の最中、家族が必要としたすべてのものを編んだ。女性たちは、文明を後にすること、目的地に辿り着くのに必要なすべてのものを持っていかなければならないことを理解していた。針と糸は、ここでも再び、サバイバルキットの一部だった。

西に向かう途上、女性たちは、自分や家族に必要な衣類を供給するために編み続けた。日中は馬車で、夜になると焚き火のそばで編み物をした。料理や掃除の後、火を囲んで編み物サークルを開いた。開拓時代の女性たちは、エプロンのポケットに常に針と糸を入れていた。編み物は息をすることのように、必要な行為であり、同時に習慣でもあった。

また、西に向かう旅路において、開拓の女性が編んだ物を交換することも一般的な習慣だった。特に靴下は、新しい土地を求める農夫や、新たな富を見つけるために独りで西を目指した鉱夫のように、編み物をしてくれる人を持たない男性の間で、需要が高かった。一八五〇年頃、オレゴンのウィラメット・バレーで、靴下は法定貨幣のような存在だった。女性たちは、靴下のペアを、五〇セント分の食料品と交換した。食料品商は、それを一足七五セントで鉱山にあった店に売り、彼らは顧客向けに二倍の値段をつけた。ビーバーの毛皮や小麦のように、靴下は、貨幣同様の価値があったのだ。

女性が働いたり、取引をしたり、投票どころか政治に参加することすらできなかったピューリタン社会で、利益のために編んだりすることが、主流の経済の中でも価値のある手法になった。西部の入植地や都市では、豊かではない女性たちは編み物を売ることが許された。下層の女性たちは、編み物を委託販売したり、または商品やサービスと交換した。富裕層の女性たちのために衣類を編み、洗濯人としてのサービスを宣伝した。ウールの靴下は簡単に洗えたが、シルクのストッキングはとても難しかった。色がダメになったり、水が生地を傷めることがあったから、頻繁には洗われなかった。

編み針があたって出る音は、危険と暴力と残酷さに満ちた未知の世界に放り出された女性たちに、祈りのような快適さと希望を与えた。彼女たちの孤独を緩和した。メアリー・カーペンターという、隣人たちから離れた孤立した場所に暮らす、若い開拓の未亡人がいた。彼女は、夜、襲われることを恐れ、子どもたちを小屋の下の野菜の貯蔵庫に隠し、毎晩、入り口の上に張った木板の上に椅子を置いて、闇の中で編み物をした。一八八八年にネブラスカ州オックスフォードで吹雪が起き、一番嵐が強くなった時、開拓者の女性たちは、落ち着きを保つために蠟燭の火のそばで編み物をしてやり過ごした。

トレイルの旅を生き抜き、新たな土地に落ち着いた女性たちは、小屋を自分の家にするために、よく集まっては編み物をした。彼女たちは、一緒に編み物をする喜びのために、隣人の家まで長い距離を歩き、旅の最中に火を囲んで開いた編み物サークルを屋内で再現した。こうした会合の最中、海や大陸をわたる旅に携えてきた思い出の糸をほどき、過去に置いてきた生活用品や、故郷の家にあった二度と目にすることのないものを編み物で再現した。彼女たちは、ドイツのレース編みや、アイルランドのアラン編みのように、故郷の国のパターンやステッチを交換し、周りの環境に順応し、開拓生活のニーズに合わせて編み直した。編まれたブランケット、テーブルクロス、カーテンといったものが、未開の土地に、普通の暮らしの感覚を与えた。女性たちが編み物を通じて結束するにつれ、その家族は、極度の暴力と耐えがたい苦しみを乗り越える中で、新しい存在意義を築いていくという孤独から少しずつ抜け出した。コミュニティが生まれ、店や学校、教会が建てられた。キャラバンが行進していった西部の経路の上に、鉄道の線路が敷かれた。最終的に、無法地帯は後退し、遠くの領地は州になった。進化と現代性が、北米大陸、いや、少なくとも、その大半にやってきた。

ロッキー山脈分水界の向こう、ブリティッシュコロンビアのバンクーバー島では、カウチン部族であるセイリッシュ族の女性たちが、その前世紀の初頭には、同じようなサークルを開催していた。ヨーロッパから島にやってきた女性や伝道師たちが、編み物を教えたのだ。最初は、ヤギや、もう絶滅してしまった種の小型犬から糸を紡いでブランケットを織っていたカウチンの女性たちは、編み物という手芸を習得し、文化と土地のシンボルを、そして自分たちの人生の物語を編み込んだパターンをデザインした。カウチン・セーターとカーディガンは、バッファローやシカの革に部族の言い伝えをハンドペイントで再現した、伝統的な冬のコートにとって代わった。編み物はセイリッシュの女性たちが金銭的な独立を得る方法になった。だからこの美しいアートを娘や孫娘たちに伝えたのだ。

アメリカ大陸の先住民の部族たちが手で紡いだのは、自由、独立、本当の生活の糸だ。この糸は、海と大陸を越えて、祖母の監督下で編み物をしていた若い女性たちと、小さな少女の頃、ローマで編み物をしながら、祖母の魔法のようなストーリーを聞いていた私をつなぐ。祖母と私は、彼女たちのように家族の物語をパターンに入れることはしなかったが、私の記憶の中では、二人で一緒に作った編み物は、私たちが何者か、どこからやってきて、どこにいこうとしているのかという物語のパラグラフ、あるいはチャプターだった。

編み物の魅惑とパワーは、今、進行している人生の困難において、私を導いてくれているが、世界中であらゆるタイプの人生を送る女性や男性をも導いているのだろう。私たち編み手は、編み目に永遠に編み込まれ、個々の人間たちがこの手芸の美しさによってつながっている。私たちは、ともに紡がれた天然の繊維によってつながり、人間のもつもっとも良い部分の証として存在するのだ。

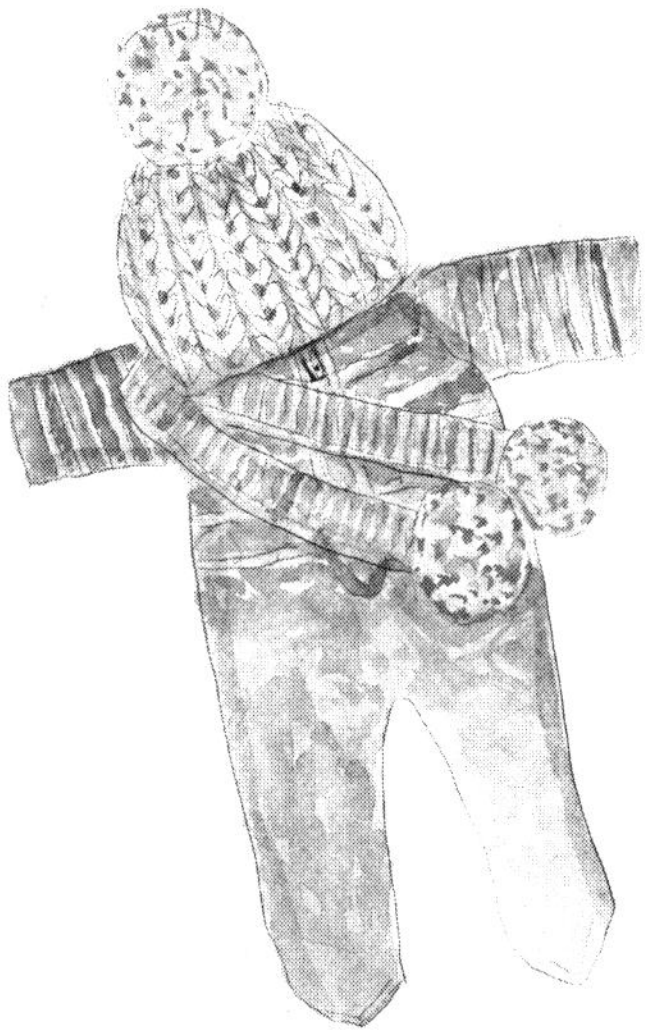

少し前に、キム・ハリスというトロントの女性が書いた編み物の感動的なストーリーを見つけた。キッチナー・ステッチを使って靴下を編みたいと望んだが、オンラインのチュートリアルや動画では正しくできず、トロントのダウンタウンにある編み物コレクティブに出向くことにした。そこでは月に一度の会合で、人々が編み物のアイディアや技術を交換していて、彼女はメリヤスはぎを見せてくれる人を探そうと考えた。遅れて到着すると、会場の講堂はすでにいっぱいで、彼女は参加者の数に驚いた。席を見つけた時、マイクを持った女性がカテゴリーを読み上げた。カーディガンとレースだった。何人かが立ち上がり、それぞれのカテゴリーの作品を見せたが、それは似たものを編んでいて、アドバイスを必要としている人が、近寄れるようにするためだった。次のカテゴリーは、赤ちゃん用の衣類で、ハリスの描写によると、乳児用にしても小さすぎる「クリスマスオーナメントくらいのセーター」を手にした女性が立ち上がった。それは、早産の未熟児のためのものだった。

未熟児の衣類は広く流通しておらず、これは親たちにとっては大きな問題だった。「買った新生児用の衣類を娘に着せることはできなかった。彼女は小さすぎて、たった二キロしかなかったから」と、ロンドンの病院で未熟児を出産した友人の娘が言っていた。「とても高価な未熟児用の衣類を売るウェブサイトを見つけて、何枚か買った」。幸い、病院が彼女に合う小さな帽子、ブランケットと衣類を供給してくれたが、すべて手編みだったという。トロントの女性のような編み手によって編まれたものかもしれない。「看護師たちが毎日赤ちゃんに服を着せてくれた。彼女は傷つきやすい状態だったから、私たちにはできなかった」と、友人の娘は続けた。「服を着せられた彼女の姿を見るのがとても特別なことだったのを覚えている。彼女に合うものを見つけられなかったから、小さな手編みの帽子が彼女の小さな頭にのっているのを見ることが、私たちにとっては大きな意味があった。服を着ていると、人間らしく見えたし、毎日新しい服を着る姿を見ることが、確かに私たちの気分を明るくした」。トロントの女性は、自分が見せている服は、「家には戻らない」また別の未熟児のために編まれたものだと言った。敬意の沈黙が講堂を包んだ。彼女の編み物グループは、未熟児用の衣類を着るのが、生き残らない小さな赤ちゃんたちなのだということを知っていた。赤ちゃんが新生児用の衣類に合うまで成長するのを待つ間、何かいいものを着せようという親たちだけでなく、埋葬される赤ちゃんの親たちのためにも編んだ。子どもの最初で最後の衣類を手渡される母親、父親たちの痛みを十分に想像することはできないが、手編みの衣類が彼らにもたらすわずかな安らぎはよく理解ができる。

クリスマスオーナメントほどの大きさの衣類は、他にも誰かが気にかけている、ということの証明でもある。私たちは無力かもしれないが、親戚や友人ではなく、匿名の編み手が、他人の喜びや悲劇に対する本当の同情をもって、一目一目を愛をこめて編んだことに意味がある。

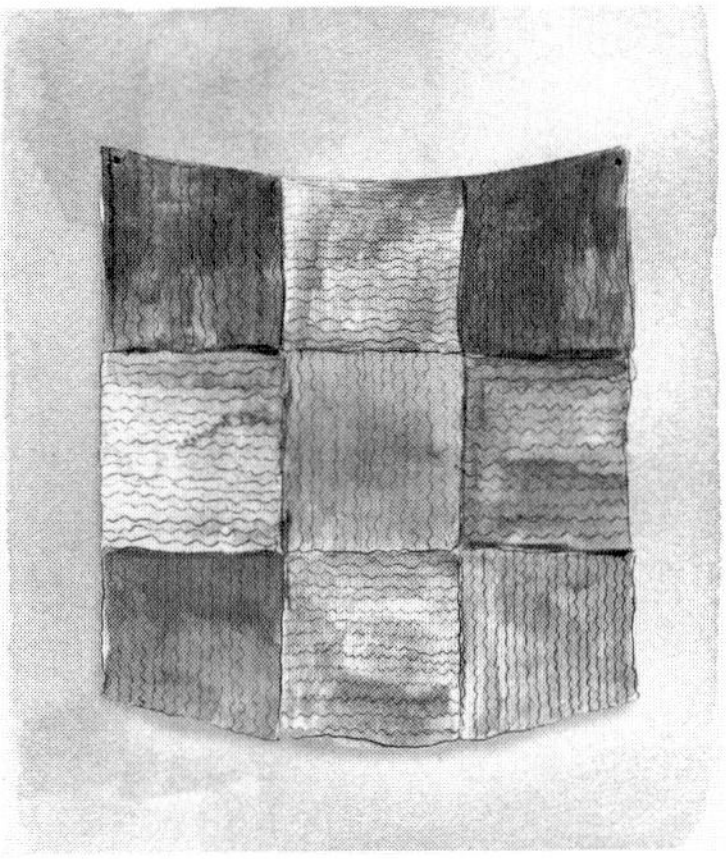

多くの場合、編み手は利他的で、自分のためよりも、家族、友人、チャリティ、大義など他者のために編むことが多い。編み物のグループやネットワークは、開拓時代の女性たちの編み物サークルの現代版で、大義のために編むことを奨励している。

二〇一七年一月二一日に行われたワシントンのウィメンズ・マーチで、人々がかぶっていた手編みのピンクの帽子を作ったプッシーハット・プロジェクトのジェイナ・ズワイマンは、ウェルカム・ブランケットというプロジェクトを創立した。

ドナルド・トランプがアメリカとメキシコの国境に建てようとした壁とほぼ同じ長さの二〇〇〇マイルの糸を使い、編み手たちに、移民たちを歓迎し、包むためのブランケットを編むように奨励した。このプロジェクトのメッセージは明らかだ。移民は締め出されるのではなく、包容されるべきだ。それぞれのブランケットに、それぞれの移民の歴史、アメリカ暮らしについてのアドバイスなどが書かれた作り手からの手紙がついている。二つの表目をつなぐ裏目を通じて、現代の編み手と、新しい移民を開拓者たちにつなげるプロジェクトである。

全米各地の編み物グループがこのチャレンジに参加し、編み物を続けた。国境付近で、親たちから引き離され、屋外の檻に閉じ込められた移民の子どもたちの写真が現れた時、人々は愕然とした。子どもたちは地面に横たわり、与えられたマイラー〔断熱などに使われるポリエステルのフィルム素材〕のブランケットをきつく握りしめ、怯えていて、寒そうに見えた。ウェルカム・ブランケット・プロジェクトに関わる女性たちは、針と糸を持って、柔らかく温かいブランケットを編み始めた。

いつもどおり、祖母たちが編み物の前線にいる。彼女たちの知恵、そして勇気は、いつもどおりに強い。二〇一二年以来、オーストラリアのグループ、ニッティング・ナナズ〔祖母たち〕・アゲインスト・ガスは、糸と針とパターンを、変革のための強力な道具として使い、全国で採鉱、ガス業界に対する苛烈な闘いを仕掛けている。ニューサウス・ウェールズ州のリズモアで、街の抗議活動として始まったものが、全国的なムーブメントになったのだ。

クレア・トゥーメイとリンジー・スコットは、フラストレーションからこのグループを作った。会合で何をすべきかを話し合うことに疲れ、行動を取ることにした。自分たちの土地で何が行われているかを調べるために、リズモアで事業を展開する石油資源開発企業メトガスコに行った。最初の見学の時、椅子とお茶を持って行ったが、アクションを取りたいと考え、その次は、針と糸を持っていくことにした。聞き覚えがあるような話かもしれない。ギロチンの前で、トリコテウスたちがやったことだ。ナナたちは、おもに黄色と黒の糸を編んだ。石炭とガスの採掘の危険性について意識を高めるために作られた団体ロック・ザ・ゲイト・アライアンスの色である。そしてもちろん、彼女たちは帽子、スカーフ、ブランケットといった抗議の品を編んだ。

リズモアでの最初のミーティング以来、オーストラリア中にニッティング・ナナズの新たなグループが登場している。女性たちは集合し、編み物をし、お茶を飲みながら、鉱山企業と政治家がいかにして共謀しているかなど、何が起きているのかを見ている。グループの名前に、特定の年齢層が含まれているから、知恵のオーラをまとっているし、脆く見えるかもしれないがそうではない。年齢と知恵を、私たちの地球を守るための力強い武器に変えているのだ。

うちの祖母が生きていたら、ニッティング・ナナズには入らなかっただろう。影に潜み続けるように育てられた祖母にとって、表舞台に足を踏み入れることは、心地の悪いことだっただろう。けれど、プライベートの時間に私と編む時は、利益という大義のために人々と環境を圧迫する業界に挑戦するナナたちを応援しただろう。「進化と現代性」の名の下にもたらされた汚染の程度にショックを受けるだろうし、気候変動について深く懸念しただろう。祖母は、四季と調和して生き、それが彼女の存在のリズムを刻んでいた。彼女が一年一年、ガーデニング、買い物、料理、そしてもちろん編み物といった日常の行為の中で受け入れたのは、魔法のようなサイクルで、その間、春の満開の花の香りでみんながハッピーな時や、一月の冷たい風が周りの丘から雪の香りをつれてくる時の、ローマのストーリーで私を楽しませてくれた。

私たちの編み物は、近所の屋外のフードマーケットで買う果物や野菜と同じように、季節的なものだった。七月と八月は、おいしいトマトとたまねぎのサラダを食べ、コットンの糸を編んだ。秋になると、祖母がりんごをシナモンと一緒に調理し、ウールとコットンを組み合わせた糸を編んだ。冬には、にんじん、芋、ビーツをごちそうに、当然、常に完璧に予測できる気候に調和したウールを編んだ。四季と天気の確実さには、単調なものはまったくなかった。それどころかひとつの季節が終わる頃には、違う糸で新たな図を編み、新しい食材を食べ、違う衣類を着ることを楽しみに変化を待っているのだった。八月中旬にお決まりのようにやってきた雷雨だって、長い夏を終え、空気を冷やし、埃を洗い流し、ローマという宝石を輝かせる存在だったから、歓迎だった。

その美しさ、自然の、毎年繰り返す四季の摂理と調和した生き方の安定が恋しい。どこでそうなったのか、私という存在の中で、リズムが狂い少しずつ消えていき、汚染とハイテク技術が作りだす力学の中でおぼろげになっていた。自分を取り戻したかったが、何をすればよいのか、わからなかった。

この本のためのリサーチをしている時に、オーストラリアのビクトリア州のＷＡＲＭという環境編み物プロジェクトを見つけた。巨大な壁画を編むために集まったアーティストと編み手集団が作ったものだ。インスピレーションは、気候変動のために、羊の群れを維持できなくなった現代の羊飼いから得たという。編み手は、池、花、草、木、鳥、風車を編み、それが巨大な破壊された土地のイメージの上に、縫い込まれた。「自然を取り戻せないのなら、編もうではないか」――自然の殺戮は単なる「もうひとつの」虐殺ではなく、すべての人類の虐殺である。ＷＡＲＭの編み手たちは、このことの証人として、力強いステイトメントを編んだのだ。

二〇一九年から二〇二〇年の夏の間、およそ一〇億頭の動物が、オーストラリア中を燃やした山火事によって殺された。世界中の編み手が、針と糸を取り出して、動物を熱から守るためのミトン、靴下、ポンチョを作り始めた。私たちは、互いを必要としている。同じ地球の生き物として、互いに依存している。動物たちなしでは、私たちの世界は存在しえないのだ。

フランシスコ修道会の修道士である大切な友人が、最近、羊と私たちの間にある類似点について教えてくれた。行方不明の羊の寓話についての話だ。なぜ羊飼いだったイエスは、いなくなった羊を探しに出かけるのだろう？　彼によるとこういうことだった。羊の群れが、中央にガードレールがあるような自動車用の大きな道をわたっていた。一匹の雌羊が群れからはぐれてしまい、パニックによって正気を失い、自殺しようと頭をガードレールにぶつけた。雌羊を探すために引き返した牧羊犬たちは、頭から血を流した雌羊を発見した。この羊のように、他の人たちから引き離された人間は狂い、生きる意志を失う。自分の存在が意味をなさなくなってしまうから。

個人主義と欲に支配される世界の中で、私たちは狂ってしまったのだろうか？　高速道路のど真ん中で仲間から引き離された羊のように、自殺行為をしているのだろうか？　知らず知らずのうちに、この美しい地球をあっさりと破壊し、自分たちの存在を終わらせようとしているのだろうか？　自分たちのナルシシズムに目が眩み、私たちが何をしているのか、子どもやティーンエージャーにしかわからないのだろうか？　グレタ・トゥーンベリに続いて、毎週金曜日に気候変動に対するデモを行うことで、この狂気を止め、世界的なバビロンの建設を終わらせてくれと嘆願する子どもたちに、私はアプローチすべきなのかもしれない。WARMのアーティストたちのように、そして祖母がおそらくそうしたように、私が子どもたちに編み物を教えるべきだ。問題は、地球を救うために編み物をする十分な時間はあるか、ということだ。

7　神経科学時代の編み物

ロッキー山脈で初めての春を過ごしている。まだ寒いけれど、絶えず曇りながらも壮大な空の鈍い光の中で、自然が爆発し、花粉の雲が飛んでいる。私の神経は深刻なほど尖っている。ここ数カ月、高ストレスの波をくぐりぬけながら、なんとか病気にならないできた。夫が作った金銭的な惨状を解消するための戦略を立てることに、自分のエネルギーを注げたことは幸いだった。窮地を脱したわけではなく、道のりはまだ長い。今、滞在している湖畔の家はまだ売っていないので、毎月出費がかさんだが、支払い続けることはできない。他の金策を考えなければならず、迅速に行動しなければならず、そのためには文字通り、そして比喩的にも、自分の頭をクリアにしておかなければならなかった。

金銭的な破綻を避けるための闘いにまつわるストレスが、こたえるようになっていた。数日前に、冷静さを失った。それは、急に始まる花粉症のように、突然起きた。銀行のマネジャーとの電話を切ったあと、涙が溢れた。泣き止むことはできなかった。とっくの昔に失われていた結婚生活、もうすぐ我が物でなくなる愛する家、金銭的な困窮という侮辱、そして、どんな男性であれ、男性に自分の人生の責任を任せられると信じた自分の愚かさを思って泣いた。冬の間に落ちた枯葉や折れた枝をかき集めながら庭で泣いた。雪の下にたまった埃を掃きながら、ガレージで泣いた。家の中では、部屋から部屋を、ティッシュの箱を探しながらすすり泣いた。道の向こうで、また豪邸を建てるために、大きな木たちが切られていたから、泣いた。スーパーリッチのための公園になってしまった美しく小さかった村のことを思って泣き、モンタナ州東部から、ノースダコタ州、太平洋にかけて行われていたフラッキング〔水力破砕採掘〕の物資を、容赦無く運び続ける鉄道による石油の流出で汚染された湖の水のために泣いた。温暖化や、地球の破壊への私たち人類の無関心を考えて、泣くこともあった。

泣けば泣くほど、呼吸が浅くなった。肋骨の中に、大きな岩が置かれたように、胸は締め上げられた。そして突然、自分の心臓が、古いトリックを使い、喉の中でどんどん速く音を立て始めた。当時、心臓の上半分が横に動き、下半分が反対に動く、カーリングと呼ばれる症状のために薬を飲んでいた。心臓の動きが弁を傷つけ、内部でズレを起こし、機能を低下させる深刻な症状だった。朦朧とし、カウチに横になろうとしたが、涙が目から流れ、動くことができず、心臓の制御できない鼓動に耳を澄ませた。

ラテン系のハウスキーパーであるマリアが、胸に手をあててパニックと闘っている私を発見した。二六年の付き合いを経て、マリアは親愛なる友達になっていた。彼女は私を愛し、私は彼女を愛していた。この林の中に孤立した湖畔の家にひとりで滞在する時、彼女は一緒にいてくれた。彼女は、とてもタフな人生を送ってきた、並外れた女性だ。裕福な家に生まれたが、男性優位の家族の檻の中に閉じ込められ、彼女が独立と自由を見つけたのは、故郷から遠く離れたアメリカでウェイトレスや掃除人になってからだった。アメリカ中で家庭の掃除をしたり、レストランで働いたりしながら、独りで、三人の子どもを育てた。知的で、思いやりがあり、超絶的な編み手だった。これまでの年月の間、二人で一緒に編み物をしながらおしゃべりをし、互いの秘密を打ち明け、問題を共有し、アドバイスを与え合ったりといったことにたくさんの時間を費やしてきた。彼女は私のことをよく知っていて、だから救急車を呼んだり、病院に私を連れて行ったりしなかった。隣に座り、私の頭を撫でながら、それまで金銭的な回復の道をどれだけ進んできたかを思い出させてくれた。

ついに私が泣き止んだ時、彼女は蜂蜜入りのレモン・ジンジャー・ティーを作って、二人で一緒に飲もうと、私の体を助け起こした。私がお茶をすする間、話をし始めた。しばらくすると、彼女は編み物を取り出して、息子のガールフレンドのためのアランセーターの袖を編み始めた。あるところで彼女は、袖がタイトすぎないかを確認するために、私に試着を頼んできた。ウール生地を、手と手首に通しながら、その温かみと、包まれる心地よさを感じた。複雑なパターンの上を撫で、美しい、とてもよく編めている、と彼女に伝えた。彼女は微笑み、私の編み物を手渡してきた。私がデザインしたシンプルなレースのパターンが入ったスカーフだった。

「ロレッタ」と彼女は、編まれた生地を撫でながら言った。「なんて柔らかいんでしょう」。彼女は、その何年か前に、私がそのメリノウールをニュージーランドから持ち帰ったことを覚えていた。私は、生地を、貴重品を扱うかのように、手のひらに優しく握った。そして考えた。冬が来たら、このスカーフが優しい抱擁、愛に溢れた、長く続くハグのように私の首を優しく温めてくれる。冬が来る頃には、この惨状から抜け出している。これからの何カ月かを乗り切ればいいだけなのだ。

その瞬間、私がしたかったのは、この素晴らしい糸をダークな感情の嵐から自分を守ってくれる、心地よいブランケットとして編むことだけだった。針を取り、編み物を始めた。私たちは、太陽が黒い山々の後ろに沈み、からっぽの湖から光の反射が消え、暗闇が訪れるまで、何時間もともに座り、編みながらおしゃべりをした。自分の心臓が縮こまるのをやめ、鼓動が喉を離れ、肋骨に戻り、頬を伝わる涙が止まり、編んでいた目がはっきりと見えるようになったのが、いつだったのかわからない。けれど、ベッドに入る頃には、自分のコントロールを取り戻し、癒えた自分自身に戻っていた。

神経科学によれば、ストレスの高い状況にいる時、私たちの頭脳はストレスホルモンを、神経の経路に伝達する。私たちの反応は、頭脳が分泌するストレスホルモンの量と、化学現象をどう処理するかによる。その前の数カ月、私は、もっと難しい状況に直面しながら冷静さを保ってきたが、その日は、ストレスに圧倒された。逆らうことができずに、パニックに襲われた。

たとえばヨガをしたり、小さな紙袋に息を吹き込んだり、編み物をしたりといった、繰り返しのリズムのある動きをすることは、リラクゼーションを誘発するが、それがストレスホルモンを中和するからだということがわかっている。リラクゼーションは、ストレスの正反対の存在だ。血圧を下げ、エネルギーのレベルを上げ、血糖値の管理を改善し、加齢の進行さえも遅らせる。けれど、編み物は、ヨガのように、リラックスするための行為という以上の存在である。

科学者たちによると、編むという行為は両手を使う全身の連携の動きであるために、脳の両側が通信しあい、情報を効果的に共有することを必要とする。もうひとつ、両手を使う連携の動きをする行為に太極拳がある。太極拳は左脳と右脳の機能の連携を改善するから、空間的な認識に問題を感じる児童の実践が勧められている。また編み物は、自動的な動きを同時進行するリズミックな反復行為でもある。一目一目編むことは、簡単なように見える。そして実際のところ編み手にはすぐに第二の天性になるかもしれないが、同時に、こうした動きを処理するにはたくさん脳の能力を使うため、編み物、または他の行為に適用すれば、悩み事が入り込む余地は少なくなる。

神経科学者たちは、編み物によって刺激される脳の領域を、注意を払うことや計画すること(前頭葉)、感覚作用や視覚情報(頭頂葉)、記憶の格納(後頭葉)、動きの正確さとタイミングの連携(小脳)といったタスクごとに分類した。こうしたすべての分野にアクセスすることは、神経細胞(ニューロン)の間の接続を刺激し、その関係をスムーズに、より効果的なものにする。ニューロンは、脳、脊髄、末梢神経の、電気の作用で刺激する細胞だ。私たちの体内の莫大な数のニューロンは、すべての感覚からシグナルを受け取り、動きを制御し、記憶を作り、あらゆる考えの神経のベースを形成する。年を

取るほど、この接続を使えば使うほど、またニューロンを刺激するほど、脳を鍛えた状態に保つことができ、認知症のような病気を緩和することができる。

編み物には、リラックス以上のものがある。それは脳のワークアウトなのだ(巻末のパターン参照)。

二〇一四年に、オーストラリアの編み手たちが、ニューラル・ニットワークスという企画を通じて、編み物が脳に及ぼす効果を実演しようと決めた。展示はヘイゼルハースト・リージョナル・ギャラリーと、シドニー郊外のガイミアのアーツ・センターで企画された全国科学週間を巡回した。ニューラル・ニットワークスの取り組みは、糸を使ったこの手芸が、精神的なチャレンジ、社会的なつながり、マインドフルネスを通じて、私たちの心を研ぎ澄まし、集中した状態かつ健康に保つという信条に基づいている。編み手たちを、何百ものニューロンを編むことにいざない、それが組み合わされて巨大なインスタレーションになった。

私自身はニューラル・ニットワークスには参加しなかったが、パニック発作を体験した夜、編み物の神経学的パワーに癒された。編み物は、自分を現実、そして穏やかさに満ちた状態に引き戻した。ネガティブな筋書きの悪夢や、起きるかもしれない暗い未来から私の心を引き上げた。潜在意識の中にあった子ども時代に起きた出来事の辛い記憶、古いトラウマを再現するイメージ、両親の未熟さと私の若さによって、ひどいやり方で対処された場面をも遮断した。過去の数カ月、難しい状況の中でも編み続けたことが、現況におけるポジティブな面に私を置いてくれたことは疑いの余地がなかった。

編んだ生地は、一列ずつ遠ざかるつらい過去を、糸は、今日はまだメリノウールの毛糸玉の中にしまわれている私の明るい未来を象徴していた。

自分の金銭的問題を解決することにあまりに集中してきたから、リラックスすることは難しい。たとえ一時間でも、スイッチを切れば、集中した状態に二度と戻れなくなるのが怖い。生まれて初めて、本を読むのも難しく、運動するなんて不可能だと感じている。常に集中力を失うことを恐れている。編み物が、愛する道連れ、感情的な、知的な、そして肉体的な安全網、そして私たちを幸せな気持ちにするホルモン、ドーパミンの主な出どころになっていた。

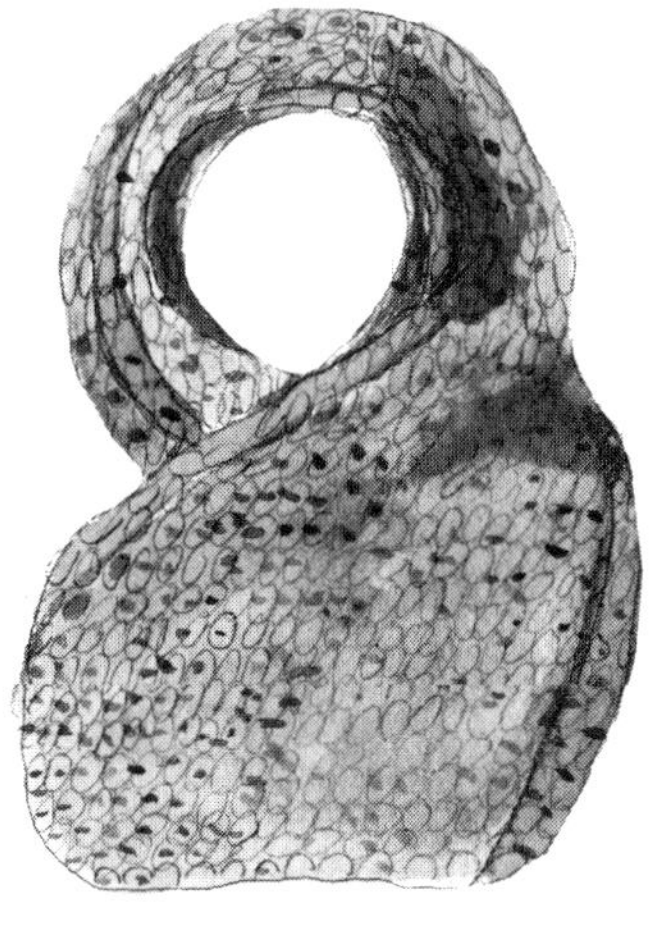

自分の心を占有し、不安から引き離してくれるような作業を必要としていたから、湖畔の家にあった編み物用バッグに残っていた糸をかきまわして探した。何色かの明るい糸を選び、クラインの壺を編み始めた。クラインの壺は、数学的方程式から生まれた、本質的にはばかばかしいオブジェだ。アンプル〔注射液の容器〕のような形をしているが、長く曲がった首のあるボトルで、その首が曲線を描いて片側に入っているので、首の入り口は、不思議なことにボトルの中にあるのだ。これを発見したのは、編み物と数学の関係について調べている時で、この壺のガラス版と、編まれたレプリカの両方の美しさに衝撃を受けた。コンピュータのスクリーンに映し出されたクライン

の壺の幾何学模様の絵にも好奇心をかき立てられた。壺は一枚の薄いシートでできていて、曲がったそのシートがそれ自体の中に入っており、二つに分かれることなくつながっているのだった。

私は数学者でも科学者でもないが、何百という編み物をする科学者のブログを読み、彼らが方程式や概念を視覚化するためにどう編み物を利用しているかの動画を見て、編み物には私たちが知るよりももっとたくさんのことがあるのだということを理解した。たとえば鳥の巣や貝殻といった自然の現象は、編み物と同じ構築法でできている。一線ずつ作られ、横と縦につながりあう構造になっているが、これは科学者たちが加法製造と呼ぶ、安定性と強さを供給する方法論である。この構造のおかげで、編み物を使えばどんな面、どんな形であっても、物理的な模型を作ることができるということは、スミス・カレッジのサラ・マリー・ベルカストロ教授によって証明されていて、私がストレスから脱するために模倣したクラインの壺は教授が編んだものだった。

編み物は、数学的な物体を理解するのに役立つのだと、ベルカストロ教授は書いている。「編まれた形象は美しく、数学的に完璧なコンピュータグラフィックスとは違って、柔軟で、物理的に操ることができる。その過程自体が洞察を与えてくれる。誰かのパターンを追うのではなく、新しく形象を作ることで深い理解を得ることができる。抽象の実体を作る時、どの特性に光をあてるのかを決めるために、構造をしっかり理解しなければならない。この決定がデザイン過程の重要な部分で、特質を成立させるためには最初から幾何学的に編むことを考えなければならない」。

編み物は、用途が広く、たとえば双曲面のような、もっとも複雑な形象の模型を作るのにも利用できる。双曲面は、曲率がマイナスとなる曲面(馬の鞍の形を想像してほしい)で、すべての線が互いに離れる方向に曲がっていく。ある地点では平行に見えたとしても、線をたどっていくうちに離ればなれになってしまう。これは球面とは正反対の性質だ。球面ではすべての線が必ず交わるように曲がっている。双曲面の良い例には、ウミウシの周縁のフリル、珊瑚礁の成長のパターン、脳のしわなどがある。紙やプラスチックには伸縮性がないため、双曲面の模型を正確に作ることは物理的に不可能だが、糸を使って棒針、またはかぎ針で編んでいけば話は違う。

一九九七年に、コーネル大学のダイアナ・タイミナ教授は、双曲幾何学という革命的数学方程式を視覚化し、その論理の正しさを証明するために、初の双曲面の模型をかぎ針で編んだ。つまりその交差しない直線が、必ずしも平行するものではない、ということを示すためのものだった。一列ずつ目を増やすことで、双曲面を編む。タイミナ教授は、目を増やす正しい割合を計算し、ウミウシの背中に生える波打つフリルの完璧なレプリカを作った。そして、生地の上に、交差しない二本のまっすぐな線をトレースした。ユークリッド幾何学によれば、この直線は平行するはずだ。けれど、TEDトークの動画でも見られるように、彼女がかぎ針編みした双曲面を畳むと、二本の線が平行するように見えるのは生地の中心部分でだけで、その後は、互いから離れ始め、交差することはない。タイミナ教授のかぎ針編みのサンプルが、ユークリッドの平行線についての仮定にとってかわる双曲線幾何学の原理を証明したのだ。

なぜ、私たちは双曲幾何学について考える必要があるのだろうか？　それは、自然や地球の形を理

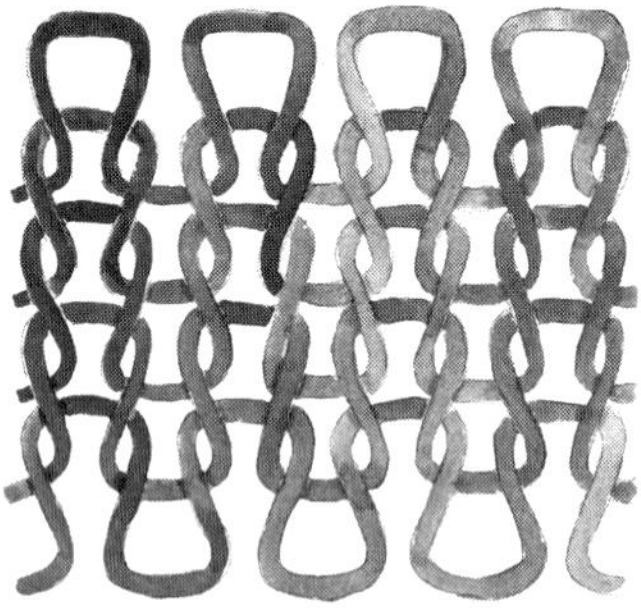

解する助けになるからだ。編み物は、私たちが何者で、どこにいるのかという大きな全体像を明らかにすることに貢献し、物理の法則に明確性をもたらす。子ども時代から編み物をしてきたという物理学者のエリザベッタ・マツモトは、編まれた生地を、毛糸のような基本となる素材の特質からでなく、メタマテリアルな、本質的に人工的なものとしての特質から表現した。編み目と編み図が結びつくことにより、編まれた生地は、それを作るために使う糸とはきわめて異なる特性を持つ。驚異的なことに、糸には伸縮性はないが、すべての編まれた生地には伸縮性がある。編みが、糸に、さらなる特性を与えるのだ。

マツモトは、編み物コミュニティには大量の知識があること、そしてそれを量的なモデルに翻訳すれば、航空宇宙業界を含む工業部門で新しい商品を開発することに役立つと確信している。私は、さらにこうした知識が、何千年もの実験や、編み方の教えだけでなく、ストーリーテリングを通じて世代から世代へと受け継がれてきた結果によるものだと付け加えたい。編み手たちは、口述の歴史の管理人として、私の祖母が私にしたように、編み物をしながら、人生についての物語を語りあう。こうした物語は、どのように編み方の変化が新しいものを生み出したか、または、どのように婚約者のための靴下のケーブル編みに愛のメッセージを隠すか、のように、直接編み物と関係することとして語られることが多い。編み物の真のパワーは、本や雑誌、たくさんの編み図を掲載するウェブページの中には見つけることはできない。世代から世代へ引き継がれてきたリアルな人生の物語の中に込められたもので、編み手の記憶や体験の中に貯蔵される。編み手としてこれを知っているマツモト教授は、先祖からの知恵を得てはいるが、世界的な編み物の知識の資源を活用するには、すべての編み手の口述的遺産にアクセスしなければならない。

マツモト教授が「ニッティング・コード」と呼ぶ、編み物の様々な特性を生み出す編み目の組み合わせの裏にある数学的方程式を解明することは、途方もない作業である。成功すれば、編み物が、多様な用途に使われる新たな素材を作る一助となるかもしれない。たとえば、裂傷を負った靭帯の伸縮自在の代用品のように。

これまでのところ、フランス人の物理学者たちが、編まれた生地の柔軟性を表す基本の数学的方程式を開発した。物理学者のフレデリック・レシュノウが、妊娠中の妻が乳児用の毛糸靴とブランケットを編む様子を見て、編まれた生地は伸ばしても、元の形状に戻るということに気がついたことがインスピレーションになった。言い換えると、生地を引っ張ったり、曲げたりすることで、エネルギーが作られるということだ。このチームが、糸の屈折と長さ、それぞれの目が交差する点の数、という三つの要因を突き止めた。輪が下の列と上の列をつなぐ編み方によって、柔軟性ができるのだ。

編み手なら、本能的にこの原則を理解し、乳児用のセーターの袖や縁にはリブ編みを選ぶだろう。子どもに着せると、生地が容易に伸縮し、元のサイズに戻るから、手首のまわりにうまくフィットする。こうした知識は、世代から世代へと、シェアしたり交流したりすることから生まれる。今、本や動画は助けにはなるけれど、キッチナー・ステッチを使って靴下を編もうとしたトロントのキム・ハリスが書いたように、行き詰まった時は、他の編み手と協業する必要がある。

編み物は、糸を使って行い続ける実験で、編み図がどれだけシンプルであっても、脳に課題や刺激を与えたりする。科学者たちは血圧の低下からドーパミンの分泌にまでおよぶ編み物の恩恵を証明したが、私は、頭脳の機能の仕方と、問題解決を求める方法と、そして編み物という手芸の間には、古代から伝わるより深い関係があるのだと信じている。

人類学者たちは、旧石器時代の先人たちが最初にした行為のひとつに、動物の追跡があったことを証明してきた。先人たちは、地面につけられた跡を認識することで動物を追いかけることを学んだ。これが、獲物を狩るための根本的なスキルになり、獲物の肉が私たちの大きな頭脳に動物性脂肪を与えた。ハーバード大学の研究者ルイス・リーベンバーグは、この追跡行為が、人間の進化の重大な進歩だったと信じている。彼は、この追跡術に、物理学や数学と同じ知的、創造的行為が含まれ、科学の起源そのものを体現しているのではないかという説を唱える。

追跡、トラッキングは編み物には必要不可欠だ。優れた編み手は、自分が編んだ目や列の道を引き返すことで、常に編み図という地図の上を戻ることができる。現代には、編んだ物を記録するためのマーカー、編み図、そしてアプリすら存在するが、過去の編み手たちは、列や目を頭の中で数え、編み図を記憶しなければならなかった。自分の作ったものの道筋を戻り、編んだ生地上に足跡を残すことが、間違いを避けるためには重要である。優れた編み手は、いつも次の目を編み図のチャート上の正確な場所に置くことができる。

編み図を追うことは、等高線地図を使って知らない地域を移動することに似ている。この旅は、記号や符号を使った暗号という特定の言語によって導かれる。川、丘、山、道は、ルートに沿って紙に記され、私たちの世界の中の、小さな一角である居住空間を象徴している。生きている布地を再生産するために、編み目ごとに紙に印をつけた編み図は、同じように作られる。等高線地図は、すでに存在する環境を体験する機会を与えてくれるが、編み図は、自分の環境を作ることができる。

今日、私たちは移動術を必要としない。自分が旅してきた空間や、地図で見た視覚的イメージを記憶し、それを貯蔵する精神的な努力が、スマートフォン上のGPSにとってかわられた。私たちの空間認識能力は使われないものになりつつあり、脳は萎縮の憂き目を見ている。編み物は、頭脳の中の地図認識機能として知られる脳の海馬状隆起を刺激するから、こうした機能を維持する。これは二〇一一年に、ミネソタ州ロチェスターのメイヨ・クリニックの精神科医ヨナス・E・ゲダ博士が行った研究によって証明されている。研究の結果、七〇歳から八九歳の人々の中で、棒針編みやかぎ針編みを実践する人たちが、もっとも健康な脳と記憶をもっていることがわかったのだ。

神経科学によれば、地図を読んだり、移動術を習得したりすることで、海馬状隆起と脳が拡大し、頭の中の地図の数が増えるにつれ、神経回路が形成されるのだという。ユニバーシティ・カレッジ・ロンドンで行われたある研究では、ロンドンのブラック・キャブ〔公共タクシー〕の運転手たちの脳を

ＭＲＩで検査した結果、ロンドンの詳細な地図を貯蔵するために、彼らの脳が拡大するのだということが明らかになった。ブラック・キャブの運転手たちはＧＰＳを使わない。営業免許を取得するために、ロンドン周辺の各所を記憶していることを証明しなければならない。この大変な努力を要する学習プロセスはまさに「ナレッジ」と呼ばれる。

編み手の頭脳については、同様の科学的な研究は行われていないが、編み図を読み、追うこと、そして編み物自体が頭脳に同様の効果をもたらす可能性は高い。メイヨ・クリニックのゲダ博士の研究に参加した研究者たちは、この結論に同意しているようだ。彼らは、編み物が脳の神経回路の開発を推進し、認知の健康性の維持に役立つのではないかと観測している。

私は科学者ではないし、優れた編み手ではない。自分が陥ると想像したこともなかった状況を理解しようともがいている一人の女性だ。過去数カ月の間、ストレス、絶望、時には鬱といったあらゆる症状を体験した。未来についての悪夢の中で何度も迷子になり、トンネルの終わりに光が見える日は来ないのではないかと疑った。この試練のさなか、編み物は、私の正気を保ち、人生に錨をおろす一助となり、私を強くし、心の力を鍛え、より良い書き手、もしかしたらより良い人間にすらしてくれた。編み物は、静かな伴侶として、逆境の中、表目と裏目を編むという作業に駆り立てながら、冬の長く暗い夜、引きこもることのできる私の快適な場所になってくれた。そして春がきて、私はもうすぐ出ることになるこの家で、コットンのパターンを編み始めた。私が愛し、永遠に自分のものだと思っていた家で、編み物が、この大きな変化を受け入れることを助けてくれた。

人生の次のチャプターにどこへ連れていかれたとしても、準備ができた気持ちでいるのは、どこへいこうとも、ひとりにはならないことを知っているからだ。祖母が手渡してくれた手芸、科学者たちが解き明かそうとする知識の贈り物、真の宝物を、私は持ち歩く。私に必要なのはそれだけだ。

8　ともに編もう——社会を編み直す

サンフランシスコに住んでいた時、最初の夫が仕事でよくアラスカに行っていて、遠くの、凍てつくほど寒い場所の生活にかかわる目を見張るような物語を持ち帰ってきた。私は、いつも寒い気候に魅力を感じ、氷の風景に惹かれてきた。二〇年後、ついに私はアラスカにやってきて、自然の美しさと歴史の魅力に取り憑かれた。そしてその旅で、先住民から、直接、編み物との関係について学んだ。

アラスカは、北米大陸の最後のフロンティアで、一八〇〇年代中盤に、ロシアとヨーロッパからの貿易商や探検家たちが到着した。彼らからしたら、アラスカの先住民は、ありえない環境に暮らす、時代から取り残された文明をもたない人々に見えた。男性と女性は別々に、流木や鯨の骨で組まれ、芝に覆われた、地下道で繋がる地下の家に暮らしていた。女性たちは、娘や息子たちを小さな一家族用の家で育てた。男児は五歳になると、男たちが暮らし、社交し、リラックスしたり、仕事をしたり、政治を執り行ったりする中央の家に移動した。

女性たちが男性の住居に入れるのは、祭事の最中に食事を持っていく時だけ、男性たちが女性用住居を訪れることが許されるのは夜だけで、夜明けまでには立ち去らなければいけないことになっていた。男たちは狩猟をしたり、魚を捕ったりし、女たちは掃除をし、肉を準備した。女たちは皮や動物の毛を糸に紡ぐことも、編み物をすることもなかったが、毛皮や皮に驚異的な針仕事の技術を施して、とても快適な衣服を作った。

アラスカの先住民が何千年もの間、このきわめて厳しい土地で、植物と動物に頼って生きることができたのは、必要最小限の食料を維持しようとする経済による共同社会構造のおかげだった。部族としての強いアイデンティティが、生き残りを保証する共有の原則を彼らに受け入れさせ、同時に男女の分離は尊重されていた。

ロシアやヨーロッパの貿易商や探検家がもたらした文明は、アラスカの先住民たちの生き方と相容れなかった。宣教師たちが部族制度を破壊し、先住民たちをキリスト教に改宗させ、男女の分離を終了させた。アラスカの先住民は、一夫一婦主義ではなかったから、宣教師たちは男女の分離をみだらなものととらえたのだった。女性たちはもはや住居のなかで自己決定できる存在ではなくなり、男性たちと空間を共有しなければいけなくなった。共有の原理は、植民地開拓者の文化と経済で記号化された所有権の概念と衝突するようになった。男性たちは部族全体のために狩猟をすることをやめ、家族のためだけに狩猟をするよう奨励された。マルクスなら、彼らの労働力がコミュニティに属すのをやめ、自分の意思で処分することができる個の財産になったというだろう。同じことが女性たちにも言える。女性は部族全体のために働くことをやめ、家族のために働くようになった。新しい家族の単位の形成は、アラスカの先住民の社会経済的均衡を根本的に変え、共同体としての精神と団体としてのアイデンティティを弱めた。

また植民地開拓者は、アラスカの先住民にとっては未知の存在であり、彼らの経済的部族主義と相容れない現金ベースの資本主義経済をもたらした。貨幣が物品を購入するための交換の手段となり、中には開拓者たちの食糧の一部であった小麦のように、新しく異質で、外から持ち込まれた生産物もあった。必然的に、北極圏の暮らしに快適さをもたらす物品がアラスカ先住民の食事に入り込んだ。ところが、彼らはそれを買うために現金を見つけなければならなくなった。それまで部族コミュニティのメンバーとして働いてきた人々にとって、これは簡単なことではなかった。伝統的な経済形態が消滅するとともに、この劇的な変化に順応できない人たちは貧困に陥った。

もともとのアラスカの先住民社会は、西洋社会よりずっと平等だった。富は、毎年の祝宴や祭事で再分配され、家族間で互いの面倒を見合っていた。部族には腹をすかせる人はいなかったし、家のない人もいなかった。共同体経済が解体され、人々が生き残るために個々に生活費を稼がなければいけなくなるとともに、アラスカの先住民は、先祖がやってきたような土地に頼った生き方を続けようと奮闘した。狩猟、釣り、食材の収集だけでは、植民地経済で生活を維持していくための現金を生み出すには十分ではなかった。家庭は、ほかの収入源を必要とした。

カナダで起きたのと同じように、宣教師たちが紡ぎ方と編み方をアラスカ先住民の女性に教え、女性たちは特筆すべき能力を見せて、手芸を習得した。外国人たちのために靴下やロングジョン、下着を編むことが、利益を生み出す現金商売になり、これが先住民の二〇世紀への移行を円滑にするのに必要な追加の収入源になった。

ヨーロッパからの植民地主義が伝統的な社会を破壊していた間、編み物は、アラスカの先住民の女性たちに、家族を支えるための金銭的自立をもたらした。編み物が、文字通り部族を維持した。メンバーを一目ずつ繋ぎ止め、彼らの共同体の精神を守り、近代化という厳しい旅の最中、伝統を維持したのだ。女性は、夏、釣りのキャンプやベリーが採れる地域へ旅する間に、また秋には冬に備えて食料を保存しながら、そして一年を通じて幼い子どもや老人たちの世話をする間、現金を作るために編み物をすることができた。女性たちは、よく協同的な編み物のグループで仕事をし、一緒に編み物をしたから、大きな変化が起きたにもかかわらず、コミュニティは全体としての形をとどめた。

ロサンゼルスからシアトルへのフライトで、私は、若いアラスカ先住民の男性の隣に座った。彼は、きょうだいのうちの一人とともに、両親が暮らす村から近い別の村に住んでいた祖父母に育てられた、と話してくれた。残った二人のきょうだいは、両親のところに留まった。ママやパパと引き離されることをどう感じていたかを聞くと、彼は、自分の文化では、親戚は両親と同じ存在とみなされ、父母から引き離されたことによってトラウマを受けることはなく、祖父母と暮らすために移住したことで何かを奪われた気持ちにはならなかった、と言った。

彼のまわりの家族は、稼ぎを共有していた。彼によれば、大半の女性たちはお金のために編み物をし、家族の収入に貢献していた。彼の祖母は、九〇代で、子どもの頃にロシア人の女性から編み物を学び、それを娘や孫に教えた。彼女たちは、アラスカで一番大きい協同組合のオーミングマック(Oomingmak)のもとで編み物をした。

その名前を検索してみると、その歴史と編み物の商品に感嘆した。オーミングマックは、バーモントのジョン・ティールという先見の明のある起業家が作った組合だ。ティールは、ジャコウ牛という大きな哺乳類を、ウールを作るために家畜化できると考えた。ジャコウ牛は、外見は牛に似ているが、実際はむしろヤギの系統に近く、その遺伝子は最後の氷河期を生き抜いた先史時代の種とつながっていた。ティールは、バーモントの実験的農場を一〇年間運営したあとアラスカに引っ越し、観光客のために糸と編み物商品の組合を展開した。一九六八年になる頃には、このプロジェクトは成功し、オーミングマック・マスク・オックス・プロデューサーズ・コーポラティブは、一九七〇年に法人化された。

ジャコウ牛は、長く柔らかい毛をしていて、春になると自然に毛を落とす。櫛ですいて集めた内側の毛がウールになるが、かつては、生の繊維を手をつかって動物の肌から引っ張っていた。ジャコウ牛のウールは、キヴィウートと呼ばれるカシミアに似たとても特別な糸だ。柔らかく、暖かく、水に強く、縮んだり膨らんだりすることなく、温度の急変による衝撃や攪拌《かくはん》にも耐えることができた。何十年もの間、美しいキヴィウートの衣服やレースが、アラスカ先住民の家族が冷

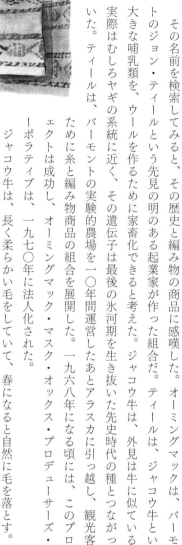

蔵庫を満たすのを助け、共有の原理を守ってきた。

オーミングマックの協同組合のメンバーは、毎年二ドルの会費を払い、それと引き換えに、協同組合が代金を支払った糸を無料で受け取る。編み手がしなければいけないのは、針を自分で購入することだけだ。オーミングマックのメンバーは、アラスカ中に散らばっていて、旅をするには法外なお金がかかるため、すべてのコミュニケーションや配達、支払いは、郵便で行われる。

「編み手は、編み目の数によって支払いを受ける。それぞれのプロジェクトに、目と列の数が具体的に指定されていて、合計数は簡単に計算することができる。実際の一目あたりの価格はインフレによって変わることもあるが、目標は編み手に公正な価格を払いながら、最終商品のコストを、観光客に無茶な値段だと思われない程度に抑えることだ。毎年、年の終わりに、利益は編み手に分配されるが、編み手は、その年に編んだ商品の数をもとに、パーセンテージを受け取る」。

アラスカ先住民にとってトラウマの大きかった移行期に、編み物が希望を与えたと発見したことが、自分自身が劇的な現在の舵取りをし、違う人生に順応できると信じる助けになっている。安全な岸にたどりつき、そこから新しい旅を始めることができる。けれど、まだ私は問題から抜け出してはいない。私の平和な湖畔の家に買い手がつき、一カ月の間に荷物をまとめて倉庫に入れる。私はこれから毎朝、箱に入れられ、暗い場所にしまわれた本の存在を恋しく思うだろう。糸、祖母の輝くメタルの針も倉庫行きだ。出発の日は、小さなバッグにその日編んでいるものだけ、他には何も入れずに持っていく。

変化は常にトラウマをもたらす。けれど、なくすものがあったとしても、究極的にはポジティブなものになる可能性もある。フランシスコ修道士である友人が、夏の間、旅しながら世界を観察することを勧めてくれた。小さな、半分空っぽのスーツケースを持っていけば、異国の糸を持ち帰ることができる。「しばらく国際的な遊牧民になればいい」。彼は笑顔で言った。そうならない理由はない。昨日、世界一周のチケットを購入した。いろいろな国に住む友人たちを訪ねる旅をし、頭をクリアにする。私には、アラスカの先住民の女性たちが持たなかったぜいたくな機会がある。腰をおろし旅程を計画しながら、編み物が再び自分を導いていることに気がついた。ニュージーランドやタスマニアといった、美しい糸や編み図を見つけられる場所に行き、フィンランドとアイスランドに寄り、最後の遊牧民の土地、モンゴルを訪ねたい。

何年か前に、アジア系アメリカ人のナンシー・ジョンソンという女性と知り合った。私が時々ゲスト・コメンテーターとして出演するBBCワールド・サービスの「ウィークエンド」というラジオ番組のインタビューを受けたのだ。ジョンソンは、モンゴルのヤクの毛を使って男性用ニットウェアや絨毯、柔らかな寝具を作るテングリというラグジュアリー・ファッションの会社のオーナーで、何種類もの美しく、柔らかい生地を持ってきた。番組の最中に、彼女は、ヤクが古代から存在する長毛のウシ科の動物で、インド亜大陸のヒマラヤ地方、チベット高原、モンゴル、ロシアなどに生息するのだと説明した。ナンシーは、ヤクの繊維を遊牧民の家族から購入し、ヨークシャーやスコットランドで糸に紡ぎ、編んだ商品を世界中で売っている。興味深い組み合わせだ、と考えた時に、産業革命時代、アメリカの植民地の原材料と、イギリスのミッドランドの繊維産業との間にあった環状の商業構造について思い出した。しかし、ジョンソンが指摘したように、彼女のビジネスモデルには搾取はない。それどころか、テングリがしたことは、自社が出した利益を共有することで、モンゴルの遊牧羊の飼育と、イギリスの繊維産業という二つの廃れつつあった産業部門を活性化する結果になった。

ナンシーと話をして、モンゴルの生活についてさらにたくさんのことを学んだ。過去一〇年の間に、伝統的なモンゴルの遊牧生活は、西洋の文明と気候変動というダブルパンチの脅威にさらされることとなった。モンゴルは、過去の牧畜文化と気候ディストピアの未来の両方の例かもしれない。

ステップ〔ウクライナからカザフスタンにかけての草原〕とゴビ砂漠では、数千年もの間、男たちが、羊、馬、牛、ヤギ、ラクダ、ヤクと共存する生活を送り、きわめて厳しい環境の中で互いに依存しあいながら生き抜いてきた。遊牧民の家庭は、何千マイルという距離を、時には年六度ほども、動物たちを導きながら牧草地を移動する。持ち物を荷造りしてはほどきつつ、自分たちの生計の手段である動物の群れの面倒をみる。遊牧的な牧畜は、モンゴル人たちがわずかな土地の資源を利用することを許してきたが、人間と草食動物全体を生かすほどの量はない。イラクの砂漠同様、生き残りのカギは、牧草地から牧草地に移住することだ。

今日、モンゴルの遊牧的な牧畜は、極端に繊細な均衡の上に成り立っている。だいたい夏の干魃《かんばつ》のあとにはとても寒い冬がやってきて、動物の群れを消滅させかねない。二〇一〇年には、現代史でももっとも寒い冬のひとつの最中に、八〇〇万頭の動物が死亡した。その年以来、モンゴルはさらに何度もきわめて厳しい冬に苦しんできた。動物の群れがいなければ、遊牧世帯の生活維持経済は崩壊し、人々を貧困に陥れ、煙に満ちた都市の混雑の中、急成長中の鉱業界の仕事を探さなければならなくなるだろう。気候変動によって、過去三〇年の間に、モンゴルの約四分の一が砂漠化し、二〇〇〇本の川が干上がった。この国は、元に戻せない変化の淵に立っている。

こうした変化の中、遊牧民の女性たちは、部族に衣服や家をあてがうために、動物の群れからとったウールや繊維を紡ぎ、編んできた。モンゴルは、二種類の貴重な糸を生産している。ヤギからとったカシミアと、ヤクからとるヤクヘアーという繊維で、後者は伝統的にはユルト(ゲル)を作るフェルトのために使われてきたが、カシミアは、自分たちの体を温めるための衣類に使われてきた。モンゴルは、カシミア原毛の世界の供給量の五分の一を生産する。原料一キロあたり四五ドルになるカシミアは、遊牧の動物飼いたちにとって安定的な収入源として、急速な都市化の脅威にさらされる伝統的な生活様式を支えている。実際、共産主義が崩壊して以来、モンゴルでは、ヤギの数は四倍にもなり、現在、人間一人に対して六頭のヤギがいる。

ところが、カシミアを生産して売るという行為は、遊牧民の苦しい経済にとってはよくもあり、悪くもあった。厳しい状況に置かれた時に、現金は彼らの生活を支えたが、カシミア用家畜の群れの急増は牧草地を枯渇させてしまった。カシミアゴートは、草を根こそぎ抜くため、後に草が再び生えることはない。モンゴルの砂漠化は、世界的なカシミアの需要に供給で応えるために、ヤギを飼う人が増えたことが原因の一つになっている。工業化と現代化はモンゴルを不毛地帯に変えかねず、それは地球全体にとって悪い前兆である。

ナンシー・ジョンソンは、こうした事実を突きつけられてショックを受けた。モンゴルが高級品業界にカシミアを供給していたことは知っていたから、業界によってもたらされるダメージを防ぐために、どう助けになれるのかを調べようと決めた。ファッション業界の友人に連絡をし、ヤクのニットウェアのアイディアを思いついた。「ヤクの毛は、カシミアと同じように暖かく、柔らかい。オーガニックで、低刺激で、抗菌性があり、生計を支えてくれる。まさに奇跡的な繊維。そして洗濯機で洗える!」と、ジョンソンは教えてくれた。「それに、ヤクは、ヤギのように環境を傷つけない」。

カシミアのヤギと違って、ヤクは草の茎の部分だけを食べ、根を地面に残すから、草が再び生えてくる。ジョンソンはヤクを芝刈り係と表現した。地面を傷つけず、草を切るだけ。おもしろいことに、ジャコウ牛と同様、ヤクは夏に自然に毛を落とすから、彼らの繊維を集めるのは簡単だし、環境にも優しい。

テングリはアラスカのオーミングマックのような協同組合ではない。けれど、そのビジネスモデルは、利益共有の概念をもって作られたものだ。テングリは、ヤクの毛に対して通常よりも高い対価を払い、これにより、参加する家族はヤクを食べさせ、面倒を見るためのコストに備えられる。このモデルはこれまでのところ大きく成功しており、今日、ウールを作るために育てられるモンゴルのヤクの群れの数は加速度的に増え、カシミアと比較して環境に優しい代替品を提供している。テングリのような企業やアラスカのオーミングマックのような協同組合は、伝統的な暮らしをするコミュニティが、共有の原理を捨てることなく、そして環境を守りながら、避けられない現代的なあり方への移行を切り抜けるための道具になっている。

過去何世紀もの間、編み物と経済は同盟関係を築き、劇的な変化の時期を生きる女性や男性に安全網をもたらしてきたが、伝統的な社会やその価値観が私たちの世界で保てる空間はどんどん少なくなっている。土地の劣化、気候変動、環境汚染、廃棄物が、私たちの地球にとって有毒な存在として、持続可能性を妨げている。汚職と欲が社会的結束を侵食し、不平等を促進し、私たちを束ねる共同体組織を脅かしている。

私たちが新しい難題に満ちた未来に突入する今、編み物は、政治と同盟を組み、ひびを編みつなぎ、橋を再建し、汚染された空気をきれいにし、水を浄化し、社会化の息吹を取り戻すことができる。古代の手芸が、気候変動によるアルマゲドンと政治のディストピアと闘うことはできるのだろうか？ 都会の編み手やヤーン・ボマーたちは、可能だと信じている。

過去一〇年以上にわたり、環境の悪化に対する抗議活動として、男女ともに人々が編み物をするために都市部で集まっている。二〇〇六年から二〇〇七年にかけて、ロンドンを拠点にするグループ、アイニットは、「ニット・ア・リバー」と呼ばれるプロジェクトで、ウォーターエイドと協業した。彼らの目的は、この世界に存在するクリーンな水へのアクセスを持たない一〇億人の人たちの存在に、関心を惹きつけることだった。世界中のボランティアが一〇万枚のパッチを編み、編み物の川を作っ

た。アイニットのウェブサイトによると、会期中、この川は、「ロンドンのサウスバンクにあるナショナルシアターの屋根から、滝のように流しかけられ、壮観な光景」を作った。

カナダでは、ロック・バンダルズを名乗る人たちが、石油業界が環境に及ぼす危険についての懸念を表明するために、ヤーン・ボミングの手法を使ってきたが、寒々とした北極の冬に色を与える目的で、街路樹、街頭、柱にもヤーン・ボミングを施してきた。

ゲリラ・ニッティングは、悪どい政治に抗議するための平和的手段を提供してきた。二〇一六年八月、史上初の原爆が日本で落とされた記憶すべき日、ウール・アゲインスト・ウェポンズは、AWE（核兵器機関）アルダーマストン、AWEバーグフィールドというイギリスの製造企業の核兵器部門をつなぐ七マイル長のスカーフを編んだ。ドイツでは、ストリック&リーセルの二人組が（編み物を学ぶための子ども用おもちゃニッティング・ナンシーのドイツ名、ストリクリーセルにひっかけてある）が、フラッフィー・スローアップ・プロジェクトという特にソフトで非暴力的な原子力への抗議活動を開始した。彼らの黄色と黒のロゴは、ドイツ中の木々や街頭、橋の手すりや街中の柱にあしらわれた。

ヤーン・ボミングは、ジェンダーの、または人種の壁を破壊するためにも使われる。チリでは、オンブレス・テイヘレス(男性のニッターの意)が、伝統的な男性、女性の固定観念を壊すために、公共の場で編み物をしている。アイスランドの首都レイキャヴィクのヤーン・ストーマーたちは、毎年のゲイ・プライド・フェスティバルにあわせて、路上のポールや木を編んだ虹で覆い、夜になると公共の銅像にカラフルなニットウェアを着せる。

二〇一四年には、ミズーリ州ファーガソンでマイケル・ブラウン、そしてテイラー・ペイン、チェイオナ・シーウェルという二人の政治アクティビストが射殺されたあと、ザ・ヤーン・ミッションというコミュニティの人種的不正義と闘うための編み物集団が形成された。この静かで安全な編み物サークルという場があることによって、人々がトラウマの体験を話し合い、ともに癒やし始める助けになるのだ。

同様のゲリラ・ニッティングの取り組みが、世界中に何十万とある。すべて動員、参加、組織化、企画、そして未来のための明確なビジョンを必要とする。抗議としての編み物は、参政権運動、公民権運動、女性解放運動、表現の自由運動といった、伝統ある政治的な草の根運動の現代版である。ヤーン・ボマーたちはアクティビストで、外に出て、他者と会合をし、人々とともに行動するタイプの人たちだ。二〇一七年一月に行われたウィメンズ・マーチのために、ピンクの帽子を女性たちに編ませたプッシーハット・プロジェクトは、女性に編み物をさせ、道を行進させ、そのほとんどがボランティアによって編まれたウールの帽子の海を作り出した(巻末のパターン参照)。動員が政治的な出来事と直接のかかわりを持たなくても、「ウールで都市を覆え」をスローガンとするイタリアのヤー

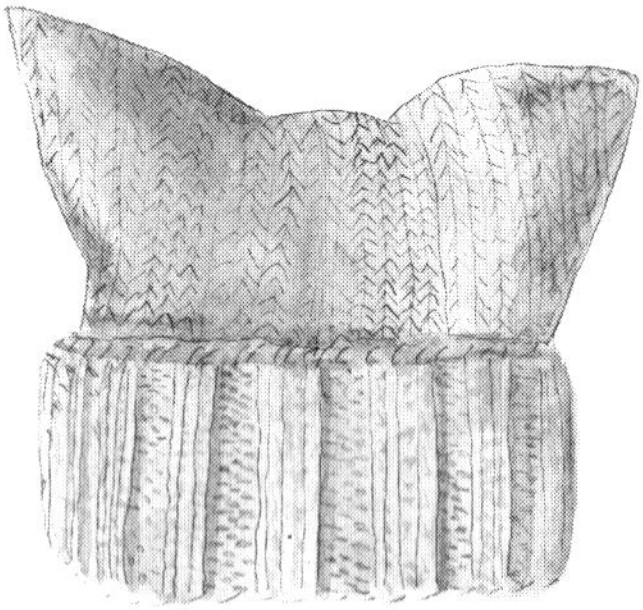

ン・ボミング団体ニタミのようなゲリラ・ニッターは、オールドスタイルのアクティビストだ。希望と社会変革のメッセージを広めるために、組織し、協業し、公共の場所でデモをする。

オキュパイ・ウォール・ストリート（ウォール街を占拠せよ）、スペインのインディグナドス・ムーブメント、香港の雨傘革命は、すべてが、やってきては消えていった政治的アクティビズムの爆発で、蠟燭《ろうそく》のように早く燃え尽きてしまった。けれどヤーン・ボミングはまだ強固に続いている。アーバン・ニッティングは、長期的な世界的現象で、アラスカ、ニュージーランド、スウェーデン、アメリカ、その他、すべての場所で弾けるように生まれている。それならば、編み物の革命について私たちが持っている知識は、なぜこんなに少ないのだろう？　答えは簡単だ。メディアは、ヒッピー運動の編み物活動に興味を示さなかったように、平和的で静かな、長期的な抗議運動、それも主に女性たちが作り出した運動に無関心なのである。レイキャヴィクのバスの内部で、アンカレッジの冬の公園で、サンフランシスコのエンバーカデロの水辺で起きるヤーン・ボミングにセンセーショナルな要因はない。誰かがスローガンを叫ぶわけでも、誰かが傷つくわけでもない。毛糸のアクティビズムはともすれば快適ですらある。けれど真の抗議は、私たちの環境の上に重ねられている編み物の後ろに隠されている。革命的メッセージは、大義のために、独りで編む行為にも、編み物サークルでともに編む行為にも込められている。ヤーン・ボミングの後ろには、ゲリラ・ニッタ

ー、すなわち大義にコミットし、理想を持ち、互いのことをケアしあい、新たな何かを作るために協業する人々がいる。

たとえばアンカレッジの公園で冬の木の裸の枝に編まれた花のように、またもともとは第二次世界大戦で亡くなった兵士たちの、そしてその後、あらゆる戦争や紛争に従軍した全ての人々の追悼のために毎年編まれる五〇〇〇個のポピー（巻末のパターン参照）のひとつのように、個人の貢献は小さいかもしれない。しかし、こうした貢献は無意味ではない。まだ諦めていない、諦めない——それが編み物をする人の精神なのである。それが、祖母が私に教えたことだ。編み手の仕事は決して終わることがない。常に、さらなる編み図があり、愛する人々のために編む新しい糸がある。編み物のように、より良い世界を作ることにも終わりはない。それは終わりのない努力であると同時に、呼吸をすることのように、必要なことでもある。

私たちは、つながっている。裕福な人も、貧しい人も、市民も、移民も。私たちは同じ糸と、同じ編み図の一部である。それが、編み物の真のパワーであり、究極の人生のメタファーである。私たちひとりひとりが、グローバルな社会の編み目であり、ともにいることで強くなるのだ。

エピローグ

必要なのは愛だけ

ロサンゼルス国際空港（ＬＡＸ）で、世界一周旅行の最初の飛行機に乗り込むのを待っている。今、私には家がない。ロンドンの家は貸しに出され、アメリカにあった家は売られ、私の愛する本たちも含め、家具や所有物は、すべて二つの大陸の倉庫に入っている。私は、冬用と夏用のスーツケース二つ、いくつかの毛糸玉が入った編み物用バッグ、そしてラップトップコンピュータとともに旅をしている。持っているのはそれだけだけれど、今のところ、それが必要とするすべてでもある。もう夫はいないし、面倒を見なければならない子どももいない。子どもたちは成長し、それぞれ違う都市、違う大陸に住んでいる。過去四〇年間で初めて、私は完全にひとりだ。何カ月もの間、この瞬間を恐れてきた。悲しく、精神的に難しく、涙に満ちたものになるとすら予想していた。だから、心地よさを与えてくれ、癒しの助けになる編み物用バッグを持っているのだ。

　しばらく前に、編み物とヒーリングについての素晴らしい物語に遭遇した。イギリス人女性のクレア・ヤングは、夫の死後、ＰＴＳＤ、鬱、不安症を発症した。彼女の心理士は、編み物を学ぶことを勧めた。彼女は、グロスター近くのチェルトナムのホスピスで、病気の最後の段階の最中にあった夫の面倒を見てくれたスタッフに感謝するために、友人たちの助けを借りて木にヤーン・ボムを施した。また、同じ理由で医師、看護師、ハウスキーピングのスタッフなど、夫と交流した人たちに似た人形を編み、木の下にブランケットを広げて置いた。クレアのヤーン・ボムのインスタレーションの写真を見た時、人間のような人形たちがホスピスの庭の木の下でピクニックをし、イギリスの美しい春の日を楽しんでいるのだと思った。それは、愛と幸せに満ちた喜び溢れる光景、命の祝福だった。

クレアの作品があまりに素晴らしかったので、彼女のヤーン・ボムはオンラインで脚光を浴び、彼女をつかまえられないストリートアーティスト、バンクシーになぞらえて「グロスター・バンクシー」と呼ぶ人まで現れた。プロジェクトに対する反応に感動した彼女は、ホスピスの編まれた毛糸製のヒーリング・ガーデンに置くために、人々に、愛する人の思い出を偲んで小さな毛糸のハート(巻末のパターン参照)を編むように呼びかけることを思いついた。彼女がこのリクエストをフェイスブックにポストすると、すぐに世界中の編み手四五〇人から、五二〇〇〇個のハートが届いた。多くの人が、糸のハートとともに、失くした愛する人たちについての感動的な手紙を同封した。そのすぐ後、彼女は、もう一つの呼びかけを始め、今度は王国園芸協会のヒーリング・ガーデンのために、花や植木鉢、植物を編み続けるため、使っていない毛糸の寄付を募った。

クレアのことを耳にした中に、イアンという人がいて、彼は妻を一年前に亡くしていた。その妻は編み物をする人で、たくさんの毛糸を残していた。クレアの姿をテレビで見た時、イアンは、彼女のイニシアチブに心動かされ、その強い決意に感嘆した。イアンは、妻の毛糸を寄付すべく、彼女に連絡することを決めた。そして二人は出会い、最終的には恋に落ちた。

イアンの妻が編むことのできなかった毛糸は、イアンをクレアのところに運ぶ糸になり、クレアが夫に示した愛と献身の祝福が、二人の人生をひとつに縫い合わせるパターンを与えた。クレアは悲しみを編み物に込めたけれど、イアンは、彼女に編む毛糸を提供することで同じことをし、二人はともに一目ずつ、編み物の花を完成させ、愛が開花し、喪失によって残された虚無感を埋めたのだ。

今日、クレアは、チャリティのために花や植物、庭を編み続け、イアンは献身的な夫として、彼女のミッションを支えている。彼らは彼女が編んだ美しい草木に囲まれて、ともに幸せに暮らしている。BBCとのインタビューで、二人は亡くなった配偶者のことを愛情深く話していた。彼らの存在を忘れたわけではないが、その死を克服し、再び生きることを始めたのだ。

クレアと違って、私は死によるトラウマを受けたわけではないが、ヒーリングを必要としていた。クレアのように、私も編み物を選び、回復するために編み物について書くことを選んだ。過去六カ月の間、四〇年間にわたる自分の存在という編み物をほどき、自分の手で、大人になってからの人生の布地をほどいた。優れた編み手がするように、祖母が与えてくれた知恵、勇気、決意をもってこの作業をしたが、その体験は深い傷を負うものでもあった。無数の編み目の列をほどきながら、人生を逆

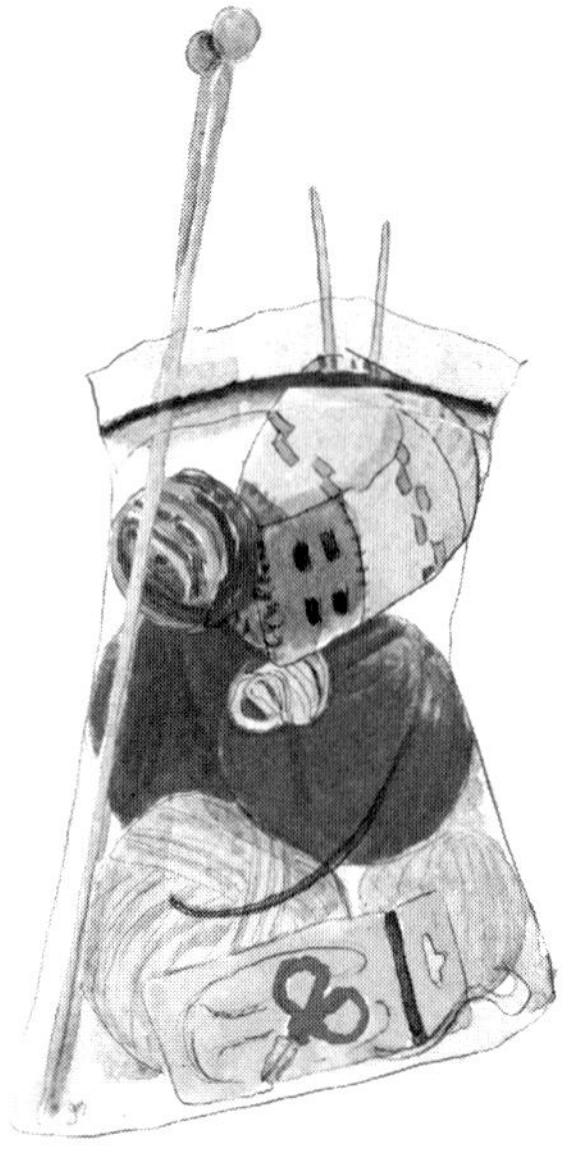

行し、もうずっと前に置いてきたものとして忘れていた感情の光景を再訪した。記憶の旅をしながら、糸を切らないように、つながりを切断しないように、自分の間違いを受け入れ、そこから学ぶように気をつけてきたが、どうしても糸を切ることを強いられる時もあった。糸の繊維の中に編み目ができて自由に作業できなかったり、洗ううちにウールが厚くなって二つの目がくっついてしまい、小さなフェルトの塊のようになったりすることもあった。そのたびに、私は自分の人生の糸を失うのではないか、結び目や醜い突起を挟まずして再利用できないのではないかと恐れた。自分の新しい人生が、前の人生より悪いものになるのではないかということを恐れた。

祖母の教えが、こうした恐怖を克服することを助けてくれた。彼女はよく、糸をスムーズにほどくために最善の努力を尽くさなければならない、そして編み直す時には、結び目を隠すためのスキルを使いなさいと言っていた。今、私が世界を旅する時に、編み物用バッグに入れて持っている、古い、ほどかれた毛糸の玉を編み直すに際して、彼女の愛と知恵が私を導き続けてくれると期待している。

人生を再起動するためにアメリカから海外に旅立つ飛行機に乗ったのは、私だけではなかった。マリアの息子が、一週間前に、戻らぬ旅に飛び去っていった。彼は人生のほとんどをアメリカで過ごしたが、母と彼の姉妹とともに観光ビザを持ってアメリカにやってきた時は五歳だった。彼は、権威ある奨学金をいくつも得て、トップの学校で勉強してきた。結婚し、とても良い仕事に就き、家、ボート、二匹の犬、車を持ち、妻は会計士として働いていた。しかし、彼は、三九歳の今、アメリカのパスポートを持っていなかった。お決まりの管理手続きである二年に一度の就労許可の更新が、なぜ却下されたのか、誰にもわからなかった。コンピュータのエラーかもしれなかった。けれど彼が相談した移民法の弁護士は、法廷の決定を待つ他の非合法の移民たちと一緒に、長ければ二年もの間、勾留されかねないとして、控訴の可能性を排除した。

愛する息子がアメリカを去らなければならないと知った時、マリアは悲嘆にくれた。私が人生をほどき始めたように、マリアの息子は、北米に戻ってくるためのいくつものシナリオを検討した。ベストの可能性は、カナダでMBAのプログラムに入学し、カナダの市民権を申請することにあるようだったが、そのプロセスには五年程度の時間がかかる可能性があった。母はアメリカを離れることができなかったから、それは母に会えない五年間になる。彼女もまた、就労ビザは持っていたが、パスポートも、グリーンカード〔永住権〕も持たなかった。そして、彼がアメリカに入国することは、許されないのだった。

春は、私とマリアにとって、問題の解決策を探すための計画、精査、たくらみの時間になった。私たちはたくさん泣き、互いを慰めあった。悪いニュースが届いたり、事態が後退したりする時、私たちの前進を支えたのは、編み物と、互いをケアすることだった。毎晩、編み針と糸を手にともに座り、その日のニュースを報告しあった。時には、リサーチで見つけた編み物の物語の動画や編み図を彼女に見せたり、この本のために書いた文章を声に出して読んだりすることもあった。彼女はときどき、図書館から持ってきた編み物の本を見せてくれた。新しい編み図を試し、夢中になるあまり、朝方まで編み物をしたこともあった。長く眠ることができなかったので、不眠で空いた時間を編み物で埋めたのだ。

息子が旅立った日、マリアは、空港にお別れに行くことはしなかった。それは二人にとって、あまりに苦痛なことだった。そのかわり、彼女は、完成させた計画を話すために私のところにやってきた。あと二年働き、資金を貯めて、アメリカを離れる。自分が生まれた国からだったら、最終的に一緒に暮らせるようになるまで、カナダにいる息子を年に二度訪ねることができる。彼女は悲しみにくれておらず、泣いてもいなかった。彼女は未来に心を踊らせていた。彼女の熱意が、彼女をより若く、強く、成功した女性のように見せていた。彼女は六四歳にして、もはや自分の人生を再設計すること、最初からやりなおすことを恐れていなかった。

ティーンエージャーの頃、ビートルズの有名な曲「六四歳になったら(When I'm Sixty-Four)」で、ポール・マッカートニーが「僕が六四歳になっても、愛してくれる？」と歌うのを初めて聴いた。六四は、とても老いた年齢に思えた。けれど、その年齢に達した今、五〇代、四〇代で感じた以上に若い気持ちでいる。マリアのように、私が今エネルギーの上昇を感じているのは、計画があって、未来に対して強い好奇心を感じているからだ。

これまでの混乱は、実は幸福をもたらすものだったのだろうか？　夫、とても快適な生活、二軒の美しい家、富裕社会における特別な場所といったすべてを、私は本当に失ったのだろうか？　または反対である可能性もある。私はいま自由を手に入れていて、四〇年間編み続けたものが安心な毛布ではなく、拘束服だったのだとしたら？　自分の金銭的、精神的試練を通じて物事を元に戻しながら、袖、後ろ身ごろ、そして自分の腕をウエストのまわりに縛り付けていた比喩の糸をほどき、重かった自分の存在についての負担、自分の成長や自分自身であることを妨げてきた精神的な負荷をおろした。私は、何十年もの間にわたって演じてきた役柄、現実よりも良いものだと信じ込んでいた作り物の人生から、一人の女性を解放していたのだった。自分にとっては締め付けがきつすぎたのに、これが完璧なのだと信じて、間違えた編み図を編んでいた女性を。私がそうすることができたのは、祖母が私に授けてくれた編み物の伝承のおかげだった。

謝辞

自分の人生の中でもっとも困難な時期にこの本を書きました。けれど、リサーチをし、執筆をしながら、あまりある愛と善意を体感し、あまりある想像しなかった支援を受け取ったことで、すべての困難を克服し、再び人生を希望をもって見ることができるようになりました。

心からの感謝を。ロレッタ・ダル・ポッゾとオリバー・バルメッリ、ジョヴァンナ・アマト、スージーとマーク・ルーベン、レスリーとジョージ・マグナス、ヴィヴィアンとデビッド・イレイラ、ギャビー・イレイラ、シルヴィアとステファノ・マッツォラ、サラ・フリーマン、ケイト・スネル、マリアンヌ・ハイアー、ミリアム・コジック、バーバラとブルース・マッカヴォイ、ボニー・ハニガン、デビッド・クロウ、パトリシア・ベック、マリセラ、エマ・ウルヴェウス、ビョルン・アクセルソン、アンジェラ・クック、バーバラ・ビーティー、リンズリーとスティーブン・ロビンソン、クリスティーナ・ロンガティ、グラツィア・バラヴェッリ、マルチェッラ・ベルナルディーニ、デリア・ザンジエルミ、クリスティーナ・デ・ピエトロ、カルロッタ・ボルギ、パオロとアレサンドラ・トシ、スコット・ストレルナウワー、そしてたくさんの人たち。シルヴィア・マラッツァ、ヘルヴィア・ペルシアニ、そして第二次世界大戦中の編み物や夫との出会いについて素晴らしい話をしてくれたミュリエル・メンドーサに感謝します。私を気遣ってくれたアンジェリカとヴィットリオ・ピニャッティ、エレオノールとスティーブン・クリエトゥーロにもお礼申し上げます。

リサーチ中に出会った世界中のニッター、ウールショップのオーナー、アシスタントの皆さん、ありがとうございました。あなたたちの助言と知恵は非常に貴重なものでした。

私のエージェントであるダイアナ・フィンチとマルコ・ヴィジェヴァニが、いつものように、私のプロジェクトを信じ、完成させるのを手伝ってくれました。彼らのサポートとプロフェッショナルとしてのアドバイスがなかったら、この本は現実にはなりえませんでした。

この本のイラストレーター、アレサンドラ・オラナウに特別な敬意を表します。素晴らしいアシスタントのフェデリコ・バスティアーニと、私をサポートするために力を尽くしてくれた彼の妻ローレル、そしていつも私のそばにいてくれたエミディオ神父とジュゼッペ・パシーニに特別な感謝を捧げます。

訳者あとがき

この本の翻訳の話をいただいた時、最初に「編み物のことは何も知らないんです」と言った覚えがある。「編み物の本ではありますが、どちらかといえば社会史の本なのです」と言われて読んでみたら、自分の人生を変える本になった。

この本は、イタリア出身のエコノミストであるロレッタ・ナポリオーニさんが、長年のパートナーである夫に起因する金銭的な苦境に直面した時に、編み物という手芸に救いを求め、その存在に支えられたことをきっかけに執筆を決めたノンフィクションである。私たちの世界に当たり前に存在する手芸を軸に、歴史的エピソードや人々の言葉を紡ぐことで、編み物が私たちの生きる世界の歴史の形成に影響を及ぼし、どのように利用・活用されたり、矮小化されたりしながら、爪痕を残してきたかを探求しつつ、私たちの暮らす不完全で綻びのある社会を編み直す可能性を提案する。

翻訳の話が最初に立ち上がった時、確かに私はまったく編み物のことを知らないと思っていた。ところが翻訳の契約が進む間に、ふとしたことから編み人との縁ができた。私が発行するニュースレターの読者の人たちと始めたコレクティブSakumagにやってきたある人に、「何ができますか？」と聞いたら、「編み物を教えられます」との答えが返ってきたのである。そのうち彼女を通じ、廃棄される繊維素材を活用できないか相談があり、それをきっかけにマクラメ編みでキーチェーンを作ったり、かぎ針でカゴやバッグを編むワークショップを開催した。捨てられる予定だった資材を材料に、ゆるい編み物の会にきてくれる人と社会の話をしたり、モヤモヤをシェアしたりしながら手を動かすことが、自分の体内のテンションを溶かし、心に安定したリズムと温かみをもたらしてくれた。

その後、わが編み物の先生、渡辺みなみさんが開催するワークショップで、初めて自分で糸を購入した。棒針編みの基本の動作を教わったら、手に感覚が戻ってきた。未経験だと思っていたのは勘違いで、どこで、誰に教わったか、まったく覚えていないけれど、手は動きを覚えているのだった。マフラーでも編もうとほくほくと毛糸を持ち帰ったが、春にはすっかり忘れてしまった。フランスで紡がれたというカラフルな毛玉は、バッグごと棚の取手に引っ掛けられたまましばらく放置された。

そうこうするうちに、契約が進み、ついに翻訳の作業を始める段になった。根詰めなくても良いように、毎朝三ページを翻訳しようと決めた。朝起きてコーヒーを淹れ、ニュースを見たり、SNSのプラットフォームを開く前に、ナポリオーニさんの言葉に向き合う。それは、安全なコクーンの中に身を横たえ、文字を紡いで吐き出すのと引き換えに、エネルギーやパワーを得るような体験だった。

本書は、祖母から編み物を教わった幼少時代の回想から始まる。ナポリオーニさんの祖母は、ジェンダーという名の檻に閉じ込められ、与えられた役割を演じ続けたけれど、ナポリオーニさんに、メインストリームが語るナラティブや刷り込まれた固定観念を疑うことを教える。そして、人生というものを、編み物というレンズを通して考える眼差しを与える。

ジェンダーを軸に与えられた役割をまっとうした母と祖母に育てられたナポリオーニさんの経歴は目覚ましい。エコノミストとして武器を捨てた元「テロリスト」にヒアリングをしたり、調査のために中東の砂漠を旅したり、バリバリのキャリアを築く傍ら、女性たちのリプロダクティブ・ライツを守る活動をしたり、ヒッピーやラスタマンと編み物をしたり、子どもを育てたりしてきた。長年のパートナーに裏切られ、それまでの裕福だった暮らしを失う局面に立たされた時に編み物に立ち返り、それがきっかけで編み物のパワーを探る旅に出るのだった。

この本では、革命に参加しながら蔑ろにされたフランスの女性たち、新天地にたどりついてもなお税を課す大英帝国に反抗したアメリカの女性たち、編み物によって経済的自立を得た女性や先住民、人生の最終チャプターを編み物に捧げる老人、社会を変えるために、政治の暴走を止めるために糸と針を武器に戦うコレクティブなど、たくさんの人々の物語が展開する。また、メンタルヘルスや脳神経のケアや治療、数学や物理学の研究や技術の革新において編み物が持つポテンシャルや、気候変動時代に、環境を傷つけず、抑圧されてきた人たちの自立に可能性を与え、経済格差を縮めることのできる編み物のあり方を探求する。

編み物が、文化の中で特別な場所を与えられてこなかったのは、庶民の手芸だからだ。だからどこで誰が最初に考案したのか、私たちにはわからない。編み物の技術は、必要性から生まれたのだろうということは推測できる。世界のいろいろなところで自然に発生し、人々に暖を与え、金品に交換され、コミュニケーションのツールになったり、表現の手段になってきた。編み物が認知の能力の維持やヒーリングに役立つということは自明だが、数学の理論や物理の模型に使われることは意外に知られていない。数学的神秘を解き明かし、暗号を運び、心や神経を落ち着けることができ、革命の手段でもあり、愛の表現である。そんな存在、他にあるだろうか？

この本を訳しながら、私の心はたくさんの感情の旅をした。フランスの王政を倒す革命に一役買いながら国民議会で席を与えられなかった女性や、たまたま女性に生まれたことで自立や自由を与えられなかった人たちの無念を思って腹を立て、ヤクやクラインのボトルが課題を解決する可能性に心をときめかせ、編み物のまわりに集まる人々が、オルタナティブの世界のあり方を提示できるのではないかと希望を持った。そして、本を書きながら、自分の身に起きたことを整理し、自分の行動を分析し、自分が何者なのかを問い続けるナポリオーニさんの旅に自分の心を添わせた。

奇しくも最初のドラフトに取り掛かったのは、私自身、心から愛していた場所に少しずつお別れを言おうとしている時だった。ニューヨーク州から北に一時間半ほど行った林の中に、友人夫婦が所有する小さな家と小屋の中間のような建物を、過去一〇年以上にわたり借りていた。旅ばかりをしてニューヨークにあまりいなかった頃、退去を考えたこともあったけれど、「あと一年」と思ったところでパンデミックが起き、一年半はフルタイムで暮らした場所だ。隣には、ニューヨーク州が所有する広大な雑木林や湖からなる森林がある。死んだら、ここに骨を撒いてほしいと思ったこともあった。パートナーが親の介護をするために他州に引っ越すことを決め、私も後で追いかけることになり、この家のリースを手放すしかないのだという結論を、少しずつ受け入れるところだった。この場所に身を置かせてもらった間に、自分の人生にたくさんのことが起きた。たくさん手を動かし、たくさんの人と過ごし、たくさんの時間を孤独と向き合い、何度となく自然の猛威に慄きこうべを垂れた場所だ。人生のひとつのチャプターを終了し、次のチャプターに足を踏み出そうとする中、一年の終わりに向けて木々が葉の色を少しずつ変えるのを横目に、この本を翻訳する作業は、お別れの儀式にはとても相応しいことのように思えた。ナポリオーニさんの言葉は、喪失につきものの悲しみや葛藤にも満ちていたが、過去の過ちや苦しみを土台に、未来に羽ばたこうとする人の希望や可能性を感じさせてくれた。自分の決断が正しいものなのかに自信が持てない時、見えない未来に不安になる時、この先、何が訪れても大丈夫である、という気持ちにさせてくれた。

翻訳作業の終わりが見えかけ、「この後、自分は何にエネルギーを傾ければいいのだろう?」と不安になりかけた頃、友人から、パートナーががんを患ったという連絡があった。見つかったがんは、知った人に息を呑ませる程度に進行していた。その夫婦は、アメリカ大陸への移転の真っ最中で、私の友人である妻は、急に始めることになった夫の治療の前に、二匹の飼い猫を車に乗せて移送するのだと言った。アメリカ大陸横断の旅は私も何度かやったことがあるが、それを一人でやることの退屈さと過酷さは容易に想像できた。たまたま休みを取っていたから、一緒に乗ろうか? と提案し、モンタナにいるパートナーを訪れる予定を遅らせ、ラスベガスまで彼女と猫たちの旅に参加することを決めた。複数の気候を通過する旅に必要な衣類をパッキングし、家を出ようとしたところで、半年以上、玄関の棚の取手にかかっていた毛糸と針のバッグを摑んだのは咄嗟の判断だった。

その友とは、私が二〇代前半、彼女が後半の時に知り合い、互いの人生の山あり谷ありを目撃しながら、長いこと家族の延長のような付き合いをしてきた。あれから三〇年、それぞれ熟年と言われる年齢に入ったけれど、私たちの中身が大きく変わったような気はしない。ただ、加齢とともに、少しずついろんなことに不具合が出てきただけだ。今、彼女の人生のパートナーが、健康上のピンチにある。この先、辛い治療や難しい決断が待っているかもしれない。精神的に苦しい局面もやってくるだろう。その共通認識を持ちながら、私たちは四日間、二匹の猫を乗せたミニバンという空間を共有し、若かりし日々のこと(ブルースリーのTシャツを着てオーバーサイズの軍パンを履いていた私が昼食にアイスクリームを食べていたこととか)、利益のために武器や戦闘機を製造したり、環境やコミュニティを破壊するウルトラ富裕層をこき下ろしたり、私たちがどう生きるべきか、これから待ち受けるかもしれない人生の試練について話し合ったりした。編み物用バッグを摑むという判断は、正しかったなんてもんじゃなかった。自分が運転したほうが快適だという友と二人の車の旅に、自分ができることは、助手席に座っていることだけだったし、揺れる乗り物の中でおしゃべりをしながらする作業として、編み物は最適だった。車内の檻の中というシチュエーションに対する不満の鳴き声に耐えかねて猫たちを解放した時は、猫が編み物をする私の膝を横切り、糸を道連れにして私が編まれかけるというコミカルな状況に大笑いもした。前にこんな風に笑ったのはいつだったろうか。止まらない笑いとともに、私は確実に泣いてもいた。今、彼女の前に横たわる辛い事態がなかったら起きなかったはずの初めての二人旅から、たくさんの予想外のギフトを受け取ったような気持ちになった。

旅の終わり、私の手の中にモヘアのスカーフがあった。旅が終わってからも、私は手を止めることができなかった。パートナーと合流した街で毛糸ショップを訪ね、パッケージの傷を理由に割引された針を買い求めながら、針はどれだけの時間をそこで過ごしただろうかと考えた。中毒というやつになったかもしれないと思ったのは、ホリデーの最中に編もうと思った毛糸が届かなかった時に、ほどいてもいいニットを探し求めてクローゼットをあさる自分を発見した時だ。友達のストゥープセール(玄関の前で不用品を売るイベント)で、肌触りに惚れて連れ帰ったけれど、うまく着こなせずに持ち腐れていた白いベストが、レッグウォーマーになった。極端なことを言えば、最終的に何ができるかは、大した問題ではなかった。日々、世界のそこここで起きている醜い殺戮行為、人々が搾取され、踏みつけられるさま、女性や弱者への暴力、悪政や汚職を凝視し続けることによって受ける負荷を軽減して余るほどの安らぎと温かい気持ちを、針を動かす時間や作業が与えてくれていた。また夏が来た時に針を置かないように、シルクや大豆でできた夏糸を入手し、どこかの古着屋で手に入れた夏用のバッグに入れておき、春の終わりの旅に連れて出た。移動を繰り返すうちに絡まった、ライトブルーの糸を、切らずにほどこうと決めた。すべすべと指に気持ちのよいシルクの糸をほどく作業は、自分を世界とは別の時間軸の中においてくれた。ある夕方、三軒茶屋の駅周りの喧騒の中、なかなか来ないバスを待ちながら糸を解いていた。「私なら切るわよ」と声をかけられた先を見たら、シルバーグレイの髪をしたかっこいい年上の女性が座っていた。「ほどくのが好きなんですよね」と答えながら、その理由を考えた。人生に解決しなければいけない課題がない時は少ない。その時の自分は、最終的に「切る」という選択肢があると知りつつ、解決しない課題はないと感じたかったのだと思う。

この本の校正作業をしながら、出版後には編み物のイベントをやろうと考え始めた頃、私の胸にがんになろうとする小さな腫瘍が見つかった。当初はさっと切除することのできる処理の簡単なものだと説明されたが、その後、生涯に複数回のがんを体験する確率の高い遺伝子が見つかったことで、両胸を全摘出することを決断して手術をするなど、人生の一大事になった。少し先に、乳がんを体験していた友人は、「入りたくなかったクラブに入会したんだよ」と言ったが、そのクラブにはたくさんの天使たちがいた。私は天使たちから引き継いだ英知や、勇気を与えてくれたサバイバルのストーリーを携えてこの一大事に立ち向かったけれど、バッグにはいつも毛糸と針が入っていた。そして、もし編み物というものがなかったら、自分はどう心を鎮めたり、不安な材料を受け止めたりしていただろうかとたびたび考えた。気がつけば、編み物は自分の人生においても生き残るツール、生き方のメタファーになっていた。

当然、私はひとりではない。これまで、世界中のいろいろな場所で、想像を絶するような苦境や抑圧の最中に、編み物は、きっとこうやって多くの人たちの人生に心の平和や勇気を与えてきたのだろう。長い人類の、そして世の中のたくさんの人の個人史の中に、編み物というものは、暖かく、平和な場所を持っていて、編み人たちはそれぞれのストーリーとそれぞれの人生へのアプローチを持っているのだった。

この本には、今、私たちが生きる時代がしんどいものだという前提がある。世界は小さくなり、常に「接続された」私たちの生活は格段に便利になった。ところが、こうした社会を実現するために開発された技術革新は、人々を幸せにしなかった。飢餓や貧困、暴力や衝突といった問題を解決してもいない。より多く、より豊かにと経済の拡大を求めるドライブと、飽くなき人間の欲望は環境を破壊し、たくさんの災害を引き起こしている。広がる不安に、孤独やデプレッションに、人々はヒーリングを求めている。ナポリオーニさんは、こんな時代だからこそ、針を動かし続けることを、現状に異議を唱え続けることを提案する。そこに編み物を通じて取ることのできる集団的アクションが、得ることのできる集合的ヒーリングが存在するのだから。

編み物をしたことのない人を、このパワーに気がつかせることはできるのだろうか。糸と針が何かを成し遂げることができるなんて、編み手でなければ信じないだろう。それどころか、この手芸が持つポテンシャルに気がついていない編み手だっているだろう。編み物は生き様であり、表現と交信の方法であり、癒しの泉であり、人生の同志である。この本が私の人生を変えたように、この本が旅をして、たくさんの心と繋がり、編み物のパワーを伝播してくれることを願ってやまない。

二〇二四年秋

佐久間裕美子

パターンクレジット

収録されているすべてのパターンはすべて試作済みのもので、イルカフェ・ディ・ゴミトリ(Il Caffè dei Gomitoli)のクリスティーナ・ロンガティ(Cristina Longati)により、マグリアレンタ・オブ・グラツィア(Maglialenta of Grazia. Instagram: @maglialenta)との協働で編まれたものである(www.ilcaffedeigomitoli.it; Facebook: /ilcaffedeigomitoli; Instagram: @ilcaffedeigomitoli)。

Pussy Power Hat:
　Adapted from Kat Coyle for the Pussyhat Project, https://www.pussyhatproject.com/knit.

Wig Hat:
　Created by Megan Reardon, https://www.ravelry.com/patterns/library/hallowig.

World War I and II Service Socks:
　Published by the Star Weekly, Tronto, 1942; adapted by Grazia Baravelli and Cristina Longati.

Phrygian Cap:
　Created by Alexandria Bee, https://www.ravelry.com/patterns/library/phrygian-cap.

Unisex Vest:
　https://www.collectorsweekly.com/articles/yarn-bombs-in-the-70s-knitting-was-totally-far-out/; adapted by Grazia Baravelli and Cristina Longati.

Bikini:
　Created by Grazia Baravelli and Cristina Longati.

Rastafarian Hat:
　Created by Grazia Baravelli and Cristina Longati.

Brain Hat:
　Adapted from Kathy Doherty, https://www.ravelry.com/patterns/library/thinking-cap; adapted by Grazia Baravelli and Cristina Longati.

Rib Stitch Poppy:
　Created by Grazia Baravelli and Cristina Longati.

Heart:
　Created by Grazia Baravelli and Cristina Longati.

ロレッタ・ナポリオーニ
幼い頃イタリアで祖母から編み物を学ぶ．エコノミスト，コンサルタント，コメンテーター．フルブライト奨学生としてジョンズ・ホプキンス大学ポール・H・ニッツェ高等国際問題研究大学院，ロータリー奨学生としてロンドン・スクール・オブ・エコノミクスに留学．国際関係と経済学の修士号，経済学の博士号を取得．国際金融，テロリズム，9.11 以降の社会変動，ヨーロッパや中国，北朝鮮経済に関し執筆．邦訳書に『人質の経済学』(文藝春秋)『「イスラム国」はよみがえる』(文春文庫)など．

佐久間裕美子
ライター，アクティビスト．慶應義塾大学卒業，イェール大学大学院修士課程修了．ニューヨーク在住．カルチャー，ファッション，政治，社会問題などに関し執筆．著書に『We の市民革命』(朝日出版社)『みんなで世界を変える！小さな革命のすすめ』(偕成社)など．訳書に『テロリストの息子』(朝日出版社)．Sakumag Collective を通じて勉強会や情報発信などの活動を行っている．

編むことは力
——ひび割れた世界のなかで、私たちの生をつなぎあわせる
ロレッタ・ナポリオーニ

2024 年 12 月 5 日　第 1 刷発行
2025 年 3 月 25 日　第 6 刷発行

訳　者　佐久間裕美子《さくまゆみこ》

発行者　坂本政謙

発行所　株式会社 岩波書店
〒101-8002 東京都千代田区一ツ橋 2-5-5
電話案内 03-5210-4000
https://www.iwanami.co.jp/

印刷・理想社　カバー・半七印刷　製本・松岳社

ISBN 978-4-00-061675-1　Printed in Japan

参考文献

Korda, Holly. *The Knitting Brigades of World War I: Volunteers for Victory in America and Abroad*. Menlo Park, CA: New Enterprise, 2019.
Le Huche, Magali. *Hector, l'homme extraordinairement fort*. Paris: Didier Jeunesse, 2008.
Levine, Barbara. *People Knitting: A Century of Photographs*. New York: Princeton Architectural Press, 2016.
Lundberg, Anna-Karin. *Medieval-Inspired Knits: Stunning Brocade & Swirling Vine Patterns with Embellished Borders*. London: Trafalgar Square Books, 2013.
MacDonald, Anne L. *No Idle Hands: The Social History of American Knitting*. New York: Ballantine Books, 1990.
Matthews, Rachael. *The Mindfulness in Knitting: Meditations on Craft and Calm*. Brighton, UK: Leaping Hare Press, 2017.
Nargi, Lela. *Knitting Around the World: A Multistranded History of a Time-Honored Tradition*. London: Voyageur Press, 2011.
Nargi, Lela, ed. *Knitting Through It: Inspiring Stories for Times of Trouble*. London: Voyageur Press, 2008.
Rowlandson, Mary. *A Narrative of Captivity, Sufferings and Removes of Mrs. Mary Rowlandson*. Boston: Nathaniel Coverly, 1770.
Rutt, Richard. *A History of Hand Knitting*. Fort Collins, CO: Interweave Press, 1989.
Stoller, Debbie. *Stitch 'n Bitch: The Knitter's Handbook*. New York: Workman, 2004.
Strawn, Susan M. *Knitting America: A Glorious Heritage from Warm Socks to High Art*. London: Voyageur Press, 2011.
Warner, Geraldine. *Protest Knits: Got Needles? Get Knitting*. London: Herbert Press, 2017.

注

2　糸の檻を開ける

p. 29　トゥルー・ストーリーズ・トロントという月例のイベントで、クリス・グラハムというパフォーマンス・アーティストが〔……〕オーディエンスに向けて語っていた

https://www.youtube.com/watch?v=g5_cUvZErjU.

p. 35　植民地の経済成長を抑制し、未来の独立を防ぐために行った多数の試み

イギリス政府は1764年に砂糖法、1765年に印紙法、同年に宿営法、1767年にタウンゼンド諸法(塗料、茶、ガラス、紙などに関税を課す)、1773年に茶法、1774年に強圧諸法を制定した。http://ww1centenary.oucs.ox.ac.uk/memoryofwar/crafts-craze-echoes-world-war-i-knitting-projects/〔2024年10月現在閲覧不可。該当記事は https://theconversation.com/current-crafts-craze-echoes-world-war-i-knitting-projects-24860 に転載〕.

3　革命のために編む

p. 66　グローバル・ニットインに向けたレボリューショナリー・ニッティング・サークルの呼びかけの文章

https://www.indymedia.org.uk/en/2002/03/25858.html.

4　フェミニズムと糸の愛憎関係

p. 75　エリカ・ジョングが言ったように〔……〕満足していなかった

ドキュメンタリー映画 *Makers: Women Who Make America,* “The Feminine Mystique,” aired February 26, 2013, on PBS. を参照。https://www.pbs.org/video/makers-women-who-make-america-feminine-mystique/〔リンク先は『女らしさの神話』に関する場面のクリップ。2024年10月現在閲覧不可〕.

p. 80　『ステッチン・ビッチ』という本

Debbie Stoller, *Stitch ’n Bitch : The Knitter’s Handbook*(New York: Workman Publishing Company, 2004).

p. 83　ボリアと編み物の愛の物語

ルイス・ボリアが出演するインタビュー動画 TrueExclusives, “Get to Know Brooklyn Boy Knits | Viral Subway Knitter,” uploaded April 23, 2018. を参照。https://www.youtube.com/watch?v=1Ssv3rZMzo4.

p. 84　ヘヴィーメタル・ニッティング・ワールド・チャンピオンシップ
https://heavymetalknitting.com/.

5　ウール・イズ・クール

p. 94　「セラピーとしての編み物は〔……〕特に重要なことである」
Jill Riley, Betsan Corkhill, and Clare Morris, "The Benefits of Knitting for Personal and Social Wellbeing in Adulthood: Findings from an International Survey," *British Journal of Occupational Therapy* 76, no. 2(February 15, 2013): 50–57. http://neurobiography.info/nb_article.php?article=35582.

6　編み物のネットワークの魔法

p. 100　女性たちは、靴下のペアを、〔……〕彼らは顧客向けに二倍の値段をつけた
Macdonald, Anne. *No Idle Hands: The Social History of American Knitting* (New York: Ballantine Books, 1990).
p. 103　キム・ハリスというトロントの女性が書いた編み物の感動的なストーリー
Kim Harris, "In a Knitting Club, I Found a Cure for Selfishness and Cynicism," *Globe and Mail,* January 17, 2016, https://www.theglobeandmail.com/life/facts-and-arguments/a-stitch-in-time/article28223076/.
p. 105　ウェルカム・ブランケットというプロジェクト
Welcome Blanket On Call: Call to Action, https://www.welcomeblanket.org/oncall〔2024 年 10 月現在閲覧不可。プロジェクトのホームページは見ることができる〕.
p. 108　WARM という環境編み物プロジェクト
http://www.seam.org.au/warm〔2024 年 10 月現在閲覧不可。WARM の作成したパターンは以下のサイトから見ることができる。https://www.ravelry.com/patterns/sources/warm/patterns〕.

7　神経科学時代の編み物

p. 115　ニューロンは、脳、脊髄、〔……〕ベースを形成する
Sarah McKay, "This Is Your Brain on Knitting," *Your Brain Health,* http://yourbrainhealth.com.au/brain-knitting/.
p. 116　二〇一四年に、オーストラリアの編み手たちが、〔……〕実演しようと決めた
National Science Week national office, "Neural Knitworks: Craft a Healthy Brain". https://www.scienceweek.net.au/neural-knitworks-craft-a-healthy-brain/. 使用されたパターンは以下を参照。https://www.scienceweek.net.

au/wp-content/uploads/2014/04/knitworks_patterns.pdf.

p. 116　それが組み合わされて巨大なインスタレーションになった
ニューラル・ニットワークスの Facebook ページを参照。https://www.facebook.com/neuralknitworks.

p. 118　この構造のおかげで、編み物を使えば〔……〕模型を作ることができる
Stuart Fox, "Move Over, String Theory, It's Yarn's Turn," *Scienceline* (NYU), May 28, 2008, https://scienceline.org/2008/05/physics-fox-knitting/.

p. 118　「編まれた形象は美しく、〔……〕編むことを考えなければならない」
Fox, "Move Over, String Theory."

p. 118–119　編み物は、用途が広く、たとえば双極面のような〔……〕利用できる
Daina Taimina, "Crocheting Adventures with Hyperbolic Planes: Tactile Mathematics, Art and Craft for all to Explore", TEDxRiga, June 14, 2012. 動画は以下を参照。https://www.youtube.com/watch?v=D-AHvZqbMT4.

p. 119　タイミナ教授のかぎ針編みのサンプル
Taimina, "Crocheting Adventures with Hyperbolic Planes."

p. 121　成功すれば、編み物が、〔……〕一助となるかもしれない
http://meetings.aps.org/Meeting/MAR19/Session/K63.1.

p. 121　物理学者のフレデリック・レシュノウが、〔……〕インスピレーションになった
Jennifer Ouellette, "Physicists Are Decoding Math-y Secrets of Knitting to Make Bespoke Materials," *Ars Technica,* March 8, 2019, https://arstechnica.com/science/2019/03/physicists-are-decoding-math-y-secrets-of-knitting-to-make-bespoke-materials/.

p. 122　ハーバード大学の研究者ルイス・リーベンバーグは、〔……〕という説を唱える
George Dvorsky, "Here Are Some Essential Survival Skills We've Lost from Our Ancient Ancestors," *io9,* September 23, 2015. https://gizmodo.com/here-are-some-essential-survival-skills-weve-lost-from-1732594841.

p. 123　これは二〇一一年に、ミネソタ州ロチェスターの〔……〕が行った研究によって証明されている
Jane E. Brody, "The Health Benefits of Knitting," *Well*(blog), *New York Times,* January 25, 2016. https://archive.nytimes.com/well.blogs.nytimes.com/2016/01/25/the-health-benefits-of-knitting/.

p. 123–124　ユニバーシティ・カレッジ・ロンドンで行われた〔……〕が明らかになった
Rebecca Maxwell, "Spatial Orientation and the Brain: The Effects of Map Reading and Navigation," GIS Lounge, March 8, 2013, https://www.gislounge.com/spatial-orientation-and-the-brain-the-effects-of-map-reading-and-navigation/.

8　ともに編もう――社会を編み直す

p. 132　「編み手は、〔……〕パーセンテージを受け取る」
Donna Druchunas, "Knitting: Hobby or Economic Imperative?" Sheep to Shawl, November 15, 2006, https://sheeptoshawl.com/knitting-softens-impact-worlds-collide/〔2024年10月現在閲覧不可〕.

p. 133　テングリというラグジュアリー・ファッションの会社
https://www.tengri.co.uk〔2024年10月現在閲覧不可。以下のホームページは見ることができる。https://www.houseoftengri.co.uk/〕.

p. 137–138　二〇〇六年から二〇〇七年にかけて、〔……〕を作った
Miss Cellania, "10 Impressive Yarnbombing Projects," Mental Floss, August 20, 2018. https://www.mentalfloss.com/article/77154/10-impressive-yarnbombing-projects.

p. 138　カナダでは、ロック・バンダルズを〔……〕を施してきた
Nina Elliott, "This Knitted Adventure," *Rock Vandal*(blog), August 7, 2016. https://rockvandals.com/2016/08/07/this-knitted-adventure/〔現在サイト閲覧不可。ロック・バンダル名義のサイトは以下を参照。https://www.rockvandal.com/〕.

p. 138　ドイツでは、ストリック＆リーセルの〔……〕にあしらわれた
Caroline Howard, "Names You Need to Know: Yarn Bombing," *Forbes*, April 30, 2011, https://www.forbes.com/sites/carolinehoward/2011/04/30/names-you-need-to-know-yarn-bombing/#2dad8bdf5c5c.

p. 138–139　チリでは、オンブレス・テイヘレス〔……〕編み物をしている
"Knitting as a Political Act," *Wooly Ventures*(blog), January 23, 2017, http://www.woolyventures.com/knitting-political-act/.

p. 139　アイスランドの首都レイキャヴィクの〔……〕ニットウェアを着せる
RX Beckett, "The Bus That Yarn Built," Reykjavík Grapevine, September 17, 2012. https://grapevine.is/icelandic-culture/art/2012/09/17/the-bus-that-yarn-built/

エピローグ　必要なのは愛だけ

p. 143　編み物とヒーリングについての素晴らしい物語
https://www.bbc.com/news/av/uk-46595743/knitting-after-grief-leads-to-love.

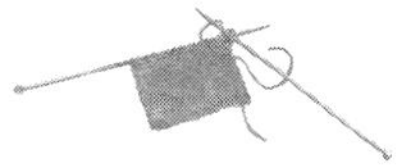

パターン

西村知子訳(にしむら ともこ・編み物講師、通翻訳者、ニットデザイナー)
＊わかりやすさのために適宜表現を改めた箇所があります。

Pussy Power Hat／
プッシーパワーハット

サイズ……S(M〜L)

材料……Malabrigo Worsted(192m／100g)
色名：Fucsia
(または並太程度のピンク系の毛糸)

使用針……5.0 mm(日本の 10 号相当)の棒針

ゲージ……メリヤス編みで 18 目・23 段＝10 cm×10 cm

仕上がり寸法(とじる前の寸法)……幅 23.5 cm(28 cm)、長さ 37.5 cm(43.8 cm)

編み地……メリヤス編み：表面は表編み、裏面は裏編み

編み方
とじ分として糸端を長めに残して一般的な作り目で 42(50)目作る。
リブ編みを編む：表目 1【表目 2、裏目 2】をくり返し、最後は裏目 1。
前段の編み目の通りに、リブ編みを 8 cm(11 cm)編み、裏面の段で編み終える。

続けてメリヤス編みで、編みはじめの作り目から29 cm(33 cm)になるまで編み、裏面の段で編み終える。

次の表面の段からリブ編みを編みはじめる：裏目1、【裏目2、表目2】をくり返し、最後は表目1。
上記の目なりにリブ編みを8 cm(11 cm)編み、編みはじめの作り目から37.5 cm(44 cm)になるまで編み、裏面の段で編み終える。

次の表面の段で伏せ止めにする。とじ分として糸端を長めに残して切る。

編み地を半分に折り、両端をすくいとじで合わせる。最後に糸始末をする。

帽子を着用すると子猫の耳が！

Wig Hat／
ウィッグハット

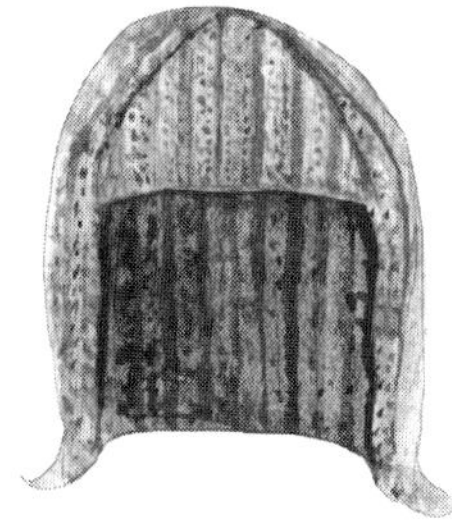

サイズ……ワンサイズ(大人用)

材 料……Red Heart Super Saver(333 m/198 g)
色：パープル　140 g 使用
(またはアクリル 100% の並太程度の糸)

使用針……5.0 mm(日本の 10 号相当)の編み針、同じ号数の 5 本針または輪針 2 本(長さ不問)、かぎ針(引き抜きはぎ用)

その他の道具……ステッチマーカー 4 個(2 色を 2 個ずつ)、とじ針

ゲージ……2 目ゴム編みで 28 目・22 段＝10 cm×10 cm

仕上がり寸法……幅(最大)20 cm、長さ 28 cm(伸ばさず平置きの場合)

編み地

2 目ゴム編み
1 段め(表面)：表目 3、【裏目 2、表目 2】を最後に 1 目残るまでくり返し、表目 1。
2 段め(裏面)：裏目 3、【表目 2、裏目 2】を最後に 1 目残るまでくり返し、裏目 1。

編み方

ウィッグ

棒針または輪針 1 本に一般的な作り目で 96 目作る。
2 目ゴム編みを自分の眉毛から顎の下までの長さ(約 16.5cm)になるまで編み、最後は裏面の段で編み終える。

※編み地の両端の編み目はゴム編みの最初と最後の幅を補う。「前髪」を編み足すとこの両端の目はゴム編みの裏目部分となる。

ウィッグ本体の長さを追加する場合は、この時点で編み足す。

次段(表面)：これまでと同様に編むが、最初と最後の目はすべり目にする。

前髪

表面から巻き目の作り目の方法で32目増やす。

※巻き目の方法で増やすことで、伸縮性が得られる。

ウィッグの表面を見ながら、輪に編めるように編み目を両先針または輪針に分ける。
このとき編み目がねじれないように注意する。

1目めは裏目、以後2目ゴム編み(【表目2、裏目2】のくり返し)を編む。

2目ゴム編みを10段編む。「前髪」をさらに長くしたい場合はこの時点で編み足す。

※これまでの編み地の最初と最後の余分な編み目は、この時点で「前髪」とつながるゴム編みの裏目部分の一部となる。10ページの図Aを参照。

減目をする

11ページの図Bを目安に、編み目を編みやすいように移し替えマーカーをつける。
このとき「前髪」の前中心(ゴム編みの裏目部分の真ん中)から数える。

※図Bでは両先針と輪針の両方の場合のマーカーの位置を示している。
※減目はウィッグの前後ともに同じ位置で行う。編みやすいようにマーカーは減目位置の真横ではなく1目はなしてつける。

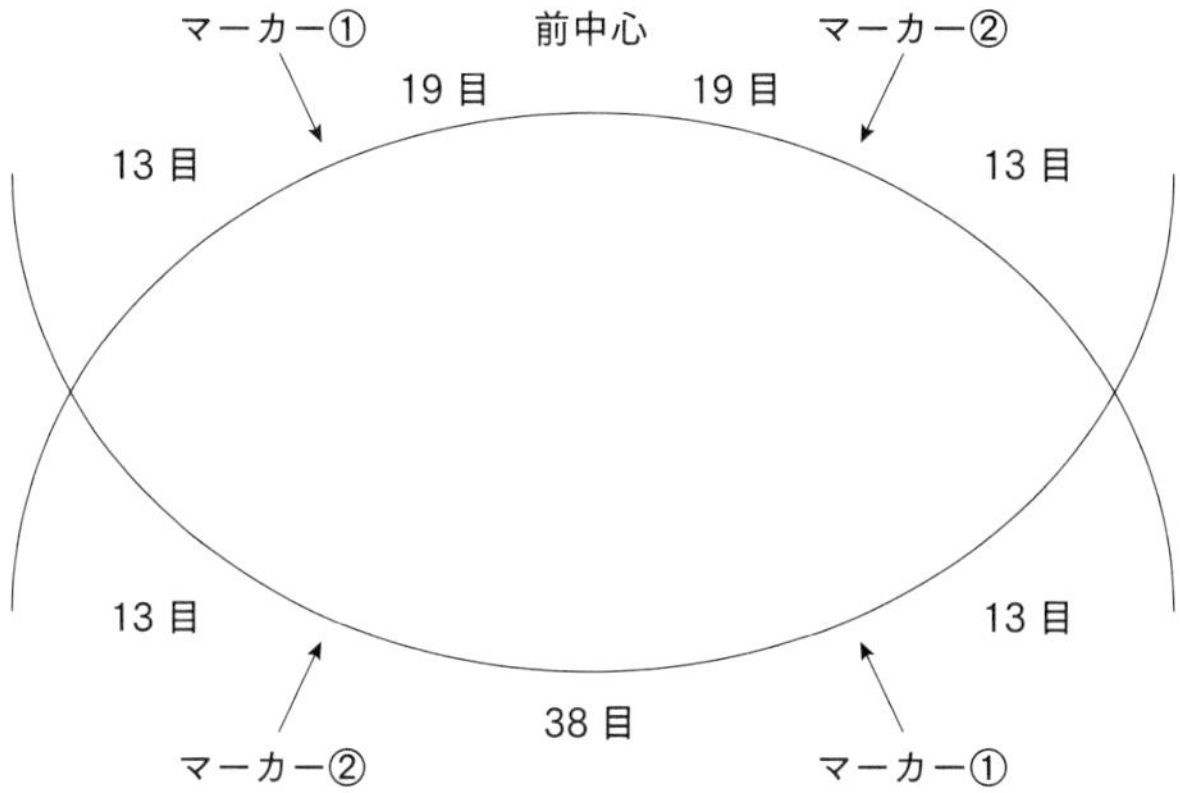

図 A

減目段：減目段は「前髪」から編みはじめる。【2 目ゴム編みをマーカー①まで編み、マーカーを右針に移し、表目 1、右上 2 目一度、マーカー②の 3 目手前まで前段の通りに 2 目ゴム編み、左上 2 目一度、表目 1、マーカーを移す】。
マーカーの間の目数が 6 目になるまで【〜】の手順をくり返す。

マーカー①(「前髪」の右端)まで編む。

次段：【マーカーを移す、表目 1、右上 2 目一度、左上 2 目一度、表目 1、マーカーを移す、次のマーカーの 2 目手前まで[裏目の左上 2 目一度、表目 2]をくり返し、裏目の左上 2 目一度】、【〜】をもう一度くり返す。

マーカーをはずし、表目 1、すべり目 1。編み目の半数(前中心と後ろ中心の間の編み目)を、マーカーをはずしながら両先針の 1 本または輪針に移す。
残りの半数の編み目は 2 本めの針に移し、伏せ止め用に糸端を約 60 cm 残して切る。

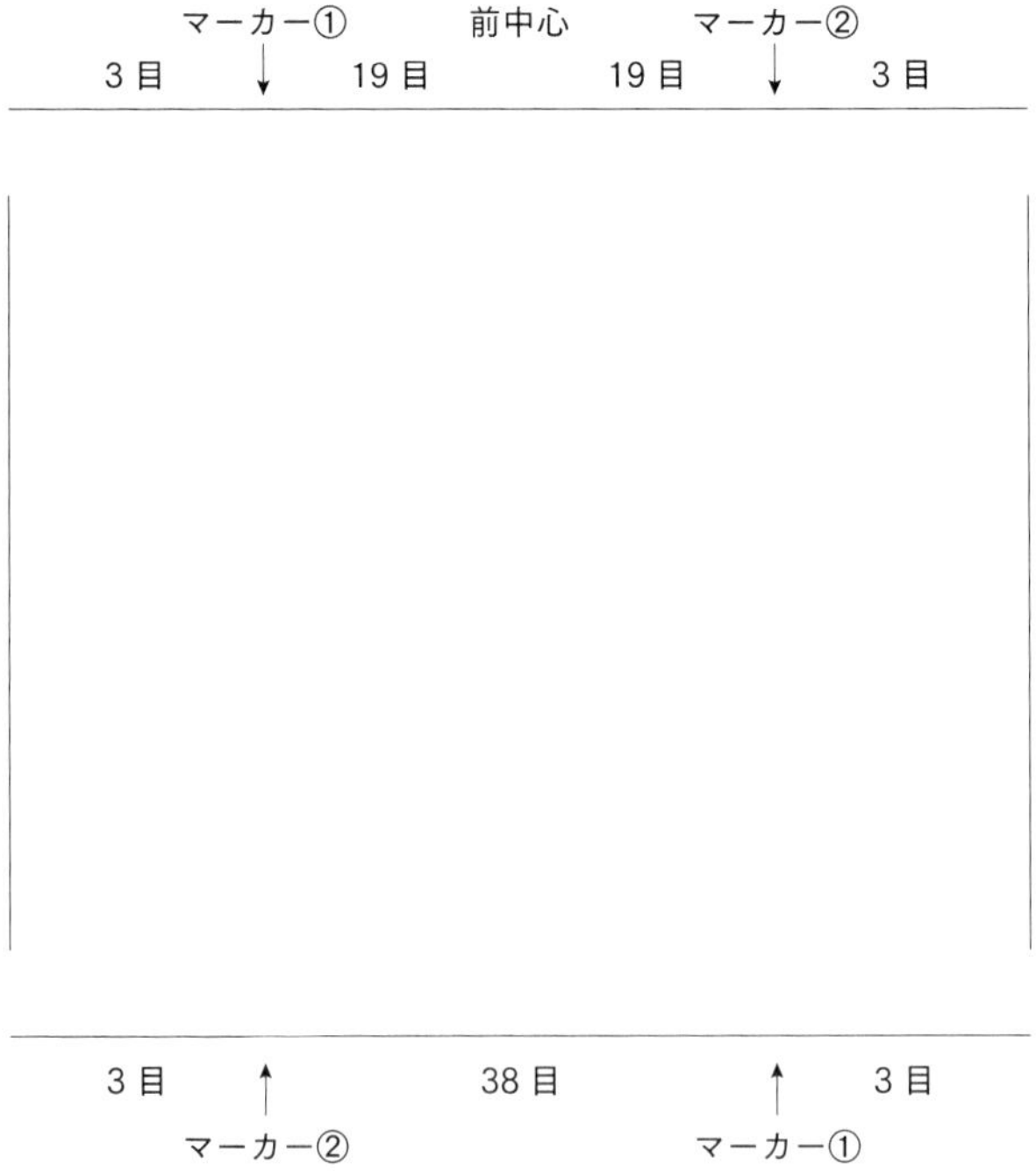

図B

仕上げ

編み地を中表に返し、裏面からかぎ針で引き抜きはぎできつめにはぎ合わせる。

糸始末をして、外表に返す。

World War I and II Service Socks／第１次・第２次世界大戦軍ソックス

材料……P.K. Victory Service Yarn　約 113 g

使用針……編み手の手加減により、以下の針サイズの４本針：
普通：3.0 mm 相当／きつめ：3.25 mm 相当／ゆるめ：2.75 mm 相当

編み方

ゆるめに 60 目作る。(3 本の針に 20 目ずつ分ける)。

リブ編み(1 目ゴム編みなど)で 10 cm 編み、メリヤス編みで 5 cm、裏メリヤス編みで 5 cm 編む。

さらにメリヤス編みで、好みに合わせて 17.5〜20 cm 編む。

かかと

まず次のようにヒールフラップを編む：
1 段め(裏面)：28 目を裏編み。
2 段め(表面)：28 目を表編み。
上記の 2 段の 1 目めをすべり目にしながら、あと 11 回(合計 12 回)、または 24 段編む。

裏面から裏編みで 15 目編み、裏目で 2 目一度に編み、裏目 1。

編み地を返し、表目 4、表目で 2 目一度(左上 2 目一度)、表目 1。

編み地を返し、裏目 5、裏目で 2 目一度(裏目の左上 2 目一度)、裏目 1。

編み地を返し、表目 6、表目で 2 目一度(左上 2 目一度)、表目 1。

編み地を返し、裏目 7、裏目で 2 目一度(裏目の左上 2 目一度)、裏目 1。

編み地を返し、表目 8、表目で 2 目一度(左上 2 目一度)、表目 1。

編み地を返し、裏目 9、裏目で 2 目一度(裏目の左上 2 目一度)、裏目 1。

編み地を返し、表目 10、表目で 2 目一度(左上 2 目一度)、表目 1。

編み地を返し、裏目 11、裏目で 2 目一度(裏目の左上 2 目一度)、裏目 1。

編み地を返し、表目 12、表目で 2 目一度(左上 2 目一度)、表目 1。

編み地を返し、裏目 13、裏目で 2 目一度(裏目の左上 2 目一度)、裏目 1。

編み地を返し、表目 14、表目で 2 目一度(左上 2 目一度)、表目 1。

ヒールフラップの端から 12 目拾う。甲側の針から表目 2。

甲側の針の 28 目を 1 本の針に移しながら表編み、最後の 2 目は表編みしながら 3 本目の針に移し、3 本目の針で続けてヒールフラップの反対側の端から 12 目拾う。

かかとの目を両端の 2 本の針に分け、表面からかかとの中心まで表編み。
1 本目の針：3 目残るまで表編み、左上 2 目一度、表目 1。
2 本目(甲側)の針：表編み。
3 本目の針：表目 1、左上 2 目一度、最後まで表編み。
目数が 56 目になるまで 2 段ごとに上記の手順で減目する。(甲側 28 目、両端は 14 目ずつ)。

かかとの後ろからの長さが以下の長さになるまでメリヤス編み。

サイズ別に寸法の目安は下記の通り：
・足サイズが 27 cm の場合は 20 cm になるまで編む
・足サイズが 28.5 cm の場合は 22.5 cm になるまで編む
・足サイズが 30 cm の場合は 25 cm になるまで編む

つま先

1 段め：
1 本目の針(甲側)：表目 2、右上 2 目一度、最後に 4 目残るまで表編み、左上 2 目一度、表 2。
2 本目の針(足裏側の半分)：表目 2、右上 2 目一度、最後まで表編み。
3 本目の針(足裏側の残り半分)：最後に 4 目残るまで表編み、左上 2 目一度、表目 2。
2 段め：全体を表編み。

上記の2段をくり返し、甲側の目数が10目、あとの2本の針に5目ずつ残るまで編む。

片方の針の5目をもう片方の5目の針に移し、2本の針に10目ずつかかった状態にする。

糸端を約25 cm残して切る。

糸端を使ってつま先を次のようにメリヤスはぎにする：
とじ針に糸端を通し、2本の編み針を前後に重ねて左手に持つ。
手前の編み針の1目めに裏目を編むように(右から左に)とじ針を通すが、編み目は編み針に残す。次にとじ針を後ろ側の編み針の1目めに裏目を編むように通し、編み目を編み針からはずす。
【とじ針を後ろ側の編み針の次の目に表目を編むように(左から右に)通すが、編み目は編み針に残す。続けてとじ針を手前の針の次の目に表目を編むように通し、編み針からはずし、
2目めには裏目を編むように通すが、編み針に残す。続けて後ろ側の編み針の目に裏目を編むように通し、編み針からはずす。】
すべての編み目をはぎ合わせるまで【〜】をくり返す。

※上記のメリヤスはぎでは、後ろ側の編み針の最初と最後の編み目以外はとじ針を2回通す。糸は常に編み針の下になるように操作する。糸始末はつま先の内側で糸がかたまったり、筋ができないよう横方向に渡すようにする。

仕上げ

靴下をサイズに合ったソックブロッカーにかぶせて、スチームを当てる。

吊し干しは避ける。


それぞれにサイズラベルを縫い付け、1足ずつ合わせて糸で結んでおく。

Phrygian Cap／
フリジア帽

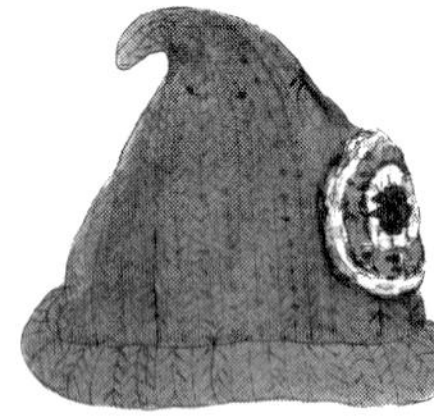

サイズ……ワンサイズ(大人用)

材料……キャップ：8本撚り(合太～並太程度)
　の毛糸　色：レッド　約50 g
　ロゼット(花飾り)：8本撚り(合太～並太程度)の毛糸
　色：ブルー、レッド、ホワイト　各少量

使用針……US9号(5.5 mm／日本の11号相当)の輪針または4(5)本針

その他の道具……ステッチマーカー　2個

編み方

ハット

指でかける作り目で80目作る。

輪に編めるように整え、表編みで編み地の長さが16.5cmになるまで編む。

※編み地の長さは好みに合わせて調整する。私の場合は5cmほど折り返すため、あとから編み足した。

減目とシェーピング

編み目を半分、つまり40目ずつに分け、ステッチマーカーで印をつける。

以下、前半の40目は【～】の内容をくり返し、後半は[～]の内容を編む。

輪編み

1段め：【表目3、左上2目一度】、[表編み]。

2段め：最後まで表編み。

3段め：【表目2、左上2目一度】、[表編み]。

4段め：最後まで表編み。

5段め：【表目1、左上2目一度】、[表編み]。

6 段め：最後まで表編み。
7 段め：【左上 2 目一度】、［表目 8、左上 2 目一度、表目 20、右上 2 目一度、表目 8］。
8 段め：最後まで表編み。
9 段め：【左上 2 目一度】、［表目 6、左上 2 目一度、表目 22、右上 2 目一度、表目 6］。
10 段め：最後まで表編み。
11 段め：【左上 2 目一度】、［表目 4、左上 2 目一度、表目 24、右上 2 目一度、表目 4］。
12 段め：最後まで表編み。
13 段め：【左上 2 目一度】、［表目 2、左上 2 目一度、表目 26、右上 2 目一度、表目 2］。
残り 33 目になる。あと 9 cm 程度表編みし、後ろ側を折り返して好みの長さになるよう試着して調整しながら編む。

仕上げ

好みのサイズになったら、「表目 3、左上 2 目一度」をくり返しながら 1 段編む。糸を切り、最後の目に通して止める。ブリムを折り返し、軽くかがる。

※帽子の後ろ側は折り返すとそのままの形状を保つが、元に戻ったときには不格好なのでかがるかピンなどで留めておくとよい。

ロゼット（花飾り）

〈ホワイト〉で 52 目作る。以下の通り、往復に編む。
1〜3 段め：〈レッド〉に持ち替え、2 目ゴム編み。
4〜6 段め：〈ホワイト〉に持ち替え、2 目ゴム編み。
7 段め：〈ブルー〉に持ち替え、2 目ゴム編み。
8 段め：〈ブルー〉のまま毎目左上 2 目一度に編む。奇数目になった場合は最後の目を表目に編む。
糸を長めに切り、とじ針で糸端を残った目に通して、絞って止める。
最後にロゼットを帽子の横に縫い付ける。

Unisex Vest／
ユニセックスのベスト

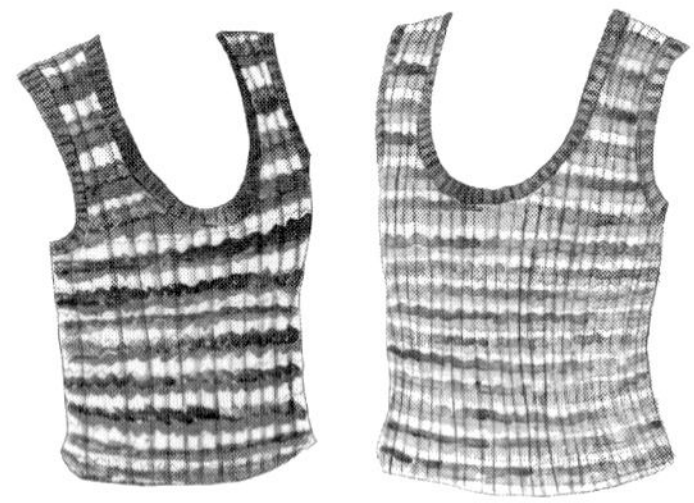

このベストは実寸より小さく仕上げ、着用することでリブ編みの伸縮性を際立たせる。またヴィンテージ風に着丈を短くしている。

サイズ……S／M（L／XL）

材料……10本撚り糸（下記の針の号数に合うもの）、3色（各250 m程度）

使用針……US6号（4.0 mm／日本の6号相当）の輪針
US8号（5.0 mm／日本の10号相当）の輪針

編み地

1目ゴム編み
1段め：【表目1、裏目1】をくり返す。
2段め：前段の編み目の通りに（目なりに）編む。

表目3目と裏目1目のリブ編み
1段め：【表目3、裏目1】をくり返す。
2段め：前段の編み目の通りに（目なりに）編む。

仕上がり寸法……身幅：34 cm／41 cm、着丈：48 cm／54 cm、アームホール丈：20〜21 cm

編み方

3色の糸は4段ごとに色を替え、色順は常に同じ、「1色め、2色め、3色め」を4段ずつ、1模様12段をくり返しながら編む。

後ろ身頃（往復編み）

細い方の針(4.0 mm)で指でかける作り目の方法で 80(100)目作る。
1 目ゴム編みで 3 色(12 段)を 2 回(24 段)編む。
太い方の針(5.0 mm)に持ち替え、12 段 1 模様を 6(7)回、72(84)段編む。

アームホールの減目：次の 2 段の編みはじめで 8(12)目ずつ伏せ、その次の 2 段で 2 目減らし、その次の 2 段では 1 目ずつ減らす。*

残った目で、アームホールの減目をはじめた段から 4 模様編み、さらに 1 色めで 2 段編む。
ゆるめに伏せ止めにする。

前身頃

「＊」までは後ろ身頃と同様に編む。

残った目で、アームホールの減目をはじめた段から 12 段(1 模様)編む。

襟ぐりの減目をはじめる：
表目 32(40)、襟底 16(20)目を伏せ、その後は最後まで表編み。

ここからは左右襟ぐりを別々に編む。
次段で右襟ぐり側で 2 目減目、その次の 2 段で 1 目ずつ減目する。

残った目で色替えをしながら、アームホールの減目をはじめた段から 4 模様編み、さらに 1 色めで 2 段編む。
ゆるめに伏せ止めにする。

左襟ぐりは右襟ぐりと同様に左右対称になるように編む。

仕上げと縁編み

前後身頃の肩を好みの方法ではぎ合わせる。

襟ぐり：US6 号(4.0 mm)の輪針で、襟ぐりに沿って目を拾い、1 目ゴム編みを 5 段編む。
ゆるめに止める。

アームホール：US6 号(4.0 mm)の輪針で、袖ぐりに沿って目を拾い、1 目ゴム編みを 5 段編む。
ゆるめに伏せ止めにする。

Bikini／
ビキニ

サイズ……ヨーロッパサイズ 40〜42(US サイズ 10〜12／日本サイズ 13〜15)

材料……4 本撚りのコットン素材 100 m／50 g 程度の糸(伸縮性があれば尚可)
2 色：A 色 2 玉、B 色 1 玉

使用針……US2.5 号(3.0 mm／日本の 3 号相当)の輪針

編み地

かのこ編み
1・2 段め：【表目 1、裏目 1】をくり返す。
3・4 段め：【裏目 1、表目 1】をくり返す。

編み方

ビキニ(ボトム)

※このアイテムはフロントからマチを編みながらバックへ、そして前後を合わせて輪に編む。

A 色で 41 目作る。
メリヤス編みで以下の通りに編む：
1 段め：表目 1、左上 2 目一度、最後に 3 目残るまで表編み、右上 2 目一度、表目 1。(2 目減)
2 段め：最後まで裏編み。
上記の 2 段を A 色で 2 回、B 色で 1 回編む。
この要領で A 色と B 色を交互に編みながら目数が 15 目になるまで編む。
そのまま 11 cm(マチ分として)まっすぐに編む。

後ろ側は両端で増し目をしながら編む：
1段め：表目1、ねじり増し目1、最後に1目残るまで表編み、ねじり増し目1、表目1。(2目増)
2段め：裏目1、裏目のねじり増し目1、最後に1目残るまで裏編み、裏目のねじり増し目1、裏目1。(2目増)
上記の2段をくり返し、目数が63目になるまで編み、裏面で編み終えたら、B色で1・2段めの手順で編む。
再びA色に持ち替え、1・2段めの手順をくり返し、目数が71目になるまで編む。

ここからは前後をつなげて以下の通り、輪に編む：
後ろ側の表面を編み終えて、続けてその左端に15目作り、編みはじめのフロントの作り目側から41目拾い、その続きに15目作り目をする。

※ここの作り目は「ニッテッド・キャストオン(編みながら作る作り目)」などの方法で作るとよい。

ここからは以下のようにメリヤス編みを色替えしながら輪に編む：
1段め：A色で1段。
2・3段め：B色で2段。
4〜11段め：A色で8段。
12・13段め：B色で2段。
14〜17段め：A色で4段。
18〜21段め：A色でかのこ編みを4段編む。

伏せ止めをして糸始末をする。

ブラ
両カップのベースとなるアイコードを編み、そこから増し目をして「カップ」となる三角形を編む。同じものを2つ編む。

アイコードを約40 cm 編む。

アイコードの編み方：
• 両先針を使用する方法：
指でかける作り目で3目作る。
【3目を針の右針にスライドさせて、(糸を左端から右端へ編み地の後ろ側で渡して)表目3】。【〜】をくり返し、必要な長さになるまで続ける。最後は伏せ止めにする。
• 針の種類を問わずに編む方法：
指でかける作り目で3目作る。作った目をそのまま左針に移す。
【(糸を左端から右端へ編み地の後ろ側で渡して)表目3。編んだ目を左針に移す。】
【〜】をくり返し、必要な長さになるまで続ける。最後は伏せ止めにする。

ここからはメリヤス編みで、A色で8段、B色で2段ずつ、色替えしながら編む。

1段め(表面)：表目1、ねじり増し目1、表目1、ねじり増し目1、表目1。(2目増)。

2段めと以降の裏面の段：裏編み。

3段めと以降の表面の段：表目1、ねじり増し目1、最後に1目残るまで表編み、ねじり増し目1、表目1。(2目増)。

上記の要領で2段ごとに2目ずつ増し目をして目数が41目になるまで編む。


カップの形状になるよう次の通り減目する：
1)表目1、ねじり増し目1、表目18、右上3目一度、表目18、ねじり増し目1、表目1。(41目のまま)。
2)裏編み。

アンダーバストにコードを通すための縁編みを編む：
1)表編み。
2)表編み。
3)【表目1、左上2目一度、かけ目】、最後に2目残るまで【〜】をくり返し、

表目 2。
4)表編み。
すべての目を伏せ止めにし、糸始末をする。

40 cm のアイコードからの手順で同じカップをもう 1 つ編む。

アンダーバストの通し穴に通すコードを編む。
長さ 120 cm のアイコードを編み、カップの下端の通し穴(かけ目でできた)に通す。

Rastafarian Hat／ラスタファリアンハット

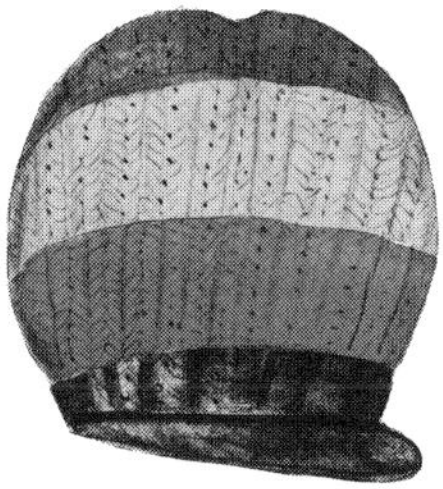

サイズ……ワンサイズ

材料……DROPS Polaris 36 m／100 g
色：ブラック、レッド、イエロー、グリーン　4色各1玉
（または超極太のウール100% の毛糸）

使用針……7.0 mm 80 cm 輪針

その用具……ステッチマーカー、4.0 mm（日本の7/0号相当）のかぎ針、とじ針

編み地

1目ゴム編み：【表目1、裏目1】を最後までくり返す。

編み方

ハット

輪編みはマジックループ式に編みながら、指示通りに減目をして編む。

ブラックの糸で好みの方法で56目作り、編み目がねじれないように注意しながら輪に編めるように整える。段の境目にマーカーを入れる。
1〜7段め：1目ゴム編み。
8・9段め：表編み。
10段め：【表目2、ねじり増し目1】を最後までくり返す。84目になる。
以後、84目のまま、レッド、イエロー、グリーンの順に10段ずつ編む。

続けて「グリーン」で次のように減目する：

減目段 1：左上 2 目一度を最後まで続ける。42 目になる。
減目段 2：左上 2 目一度を最後まで続ける。21 目になる。
約 40 cm 糸端を残して糸を切る。

とじ針に糸端を通し、残った目に通して絞り止めにする。
残りの糸端の糸始末をする。

バイザー
作り目側の裏面から最初の目が裏目になるように 21 目拾う。
本体の 1 目ゴム編みの編み目(表目か裏目)に合わせて 1 目ゴム編みを編みながら 1 段編む。

次段から次のように減目する：
減目段 1：最後に 1 目残るまで左上 2 目一度を続け、最後は表目 1。11 目になる。
減目段 2：最後に 1 目残るまで左上 2 目一度を続け、最後は表目 1。6 目になる。
減目段 3：最後まで左上 2 目一度をしながら編む。3 目になる。
3 目を伏せ止めにする(または糸端を切り、残った 3 目に通す)。

かぎ針でバイザーの縁に引き抜き目編みをする。
このときバイザーが縮んでしまわないように、広げておく。
糸を切り、糸始末をする。

Brain Hat／
脳みそ帽子

サイズ……ワンサイズ(大人用)

使用糸……Bernat Giggles(アクリル 90%、ナイロン 10%)169 m／100 g(または並太程度の糸)
色：パープル

使用針……US8 号(5.0 mm／日本の 10 号相当)の 40 cm 輪針
US8 号(5.0 mm／日本の 10 号相当)の 4(5)本針

その他の用具……とじ針

ゲージ……20 目・24 段＝10 cm×10 cm

編み方

好みの作り目の方法で 76 目作る。
編み目がねじれないように注意しながら輪に編めるように整える。次のように輪に編む：

1 段め：【表目 1、裏目 1】を最後までくり返す。
2〜8 段め：1 段めの手順をくり返す。
9〜28 段め：表編み。
次段から減目をはじめる：
29 段め：【表目 1、右上 2 目一度、表目 14、左上 2 目一度、】、【〜】を最後までくり返す。(68 目)
30 段め：表編み。
31 段め：【表目 1、右上 2 目一度、表目 12、左上 2 目一度、】、【〜】を最後までくり返す。(60 目)

32 段め：30 段めと同様に編む。
33 段め：【表目 1、右上 2 目一度、表目 10、左上 2 目一度、】、【〜】を最後までくり返す。(52 目)
34 段め：30 段めと同様に編む。
35 段め：【表目 1、右上 2 目一度、表目 8、左上 2 目一度、】、【〜】を最後までくり返す。(44 目)
36 段め：30 段めと同様に編む。
37 段め：【表目 1、右上 2 目一度、表目 6、左上 2 目一度、】、【〜】を最後までくり返す。(36 目)
38 段め：30 段めと同様に編む。
39 段め：【表目 1、右上 2 目一度、表目 4、左上 2 目一度、】、【〜】を最後までくり返す。(28 目)
40 段め：30 段めと同様に編む。
41 段め：【表目 1、右上 2 目一度、表目 2、左上 2 目一度、】、【〜】を最後までくり返す。(20 目)

※目数が少なくなるので、必要に応じて 4 本(5 本)針に持ち替えるとよい。

42 段め：30 段めと同様に編む。
43 段め：左上 2 目一度を最後までくり返す。(10 目)
44 段め：表目 1、最後に 1 目残るまで左上 2 目一度をくり返し、表目 1。(6 目)
45 段め：左上 2 目一度をくり返す。(3 目)
糸端を長めに残して切る。とじ針で糸端を残った目に通して絞り止めにする。

※このパターンの帽子は「脳みそ」を表現するようかぶると耳の上で納まるため、防寒用などに耳までかぶりたい場合は減目の手前で段数を編み足し、好みの長さに調整するとよい。

仕上げ

両先針に 5 目作り、アイコードを編む。

※アイコードの編み方は 22 ページ参照。但しここでは 5 目で同じ手順で編む。

キャップの左右にそれぞれ3〜3.5メートルのアイコードが必要となる。
まず約2メートル分を編み、帽子にかがりつけながら編み進めるとよい。
最初から長いものを編んでおくと、かがるときに扱いにくくなる。

アイコードは巻きかがりの要領で「脳みそ」を波線状に描くように縫い付ける。このとき帽子を半分に折っておくとアイコードが交差するようなこともなく、左右の脳を別々に作ることができる。但し、キャップを縫い合わせてしまわないように注意すること！
ここでは想像力を思いっきり働かせて、気の向くまま、大小の渦巻き、波線、ループなどを作りましょう。皆さんのブレインパワーを活かして！

Rib Stitch Poppy／
リブ編みのポピー

材料……8本撚りの合太〜並太の糸(色：ブラック・レッド)

使用針……US5号(3.75 mm／日本の5号または6号相当)の棒針

※手加減によって針の号数を調整してください。

その用具……とじ針、ブローチピン、好みで飾りボタン

編み方

レッドの糸で52目作る。

1〜6段め：2目ゴム編み。

7〜9段め：毎目2目一度に編む。奇数目の場合は最後に残った目を表目に編む。

糸を切り、糸端を残った目に通し、絞り止めにする。

「ポピー」の形になるよう整える。編み地の両端をとじ合わせる。

飾りボタンを使う場合は中心に縫い付ける。

※最後の3段は黒い糸で編むこともできるが、飾りボタンでも代用するのもよい。

裏面にブローチピンを縫い付ける。

Heart／
ハート

材料……メリノウールの毛糸（ゲージに合う糸）
※仕上がりの縦横の比率が保てること。

使用針……5.0 mm（日本の 10 号相当）

その用具……中綿（綿や羊毛など）、とじ針

ゲージ……17 目・22 段＝10 cm×10 cm

編み地……ガーター編み 1 山（1 往復）＝表編み 2 段

横方向に往復に編む。編み終えた編み地は半分に折ることでハート型の両面ができ上る。

編み方
糸端を約 40 cm 残して 28 目作る。
ガーター編みで 3 cm 編む。
次の 2 段の編みはじめで 7 目ずつ伏せる。14 目になる。
ガーター編みでさらに 3 cm 編む。
最後の 12 目にとじ針で糸端を通して絞り止めにする。
糸端を約 40 cm 残して切り、
編み地を縦半分に折り、ハート型の上部を縫い合わせて糸を留める。
作り目側の糸端をとじ針に通し、ハート型の外郭に沿って通して引き締める。
最後に中綿を詰めながら下端を縫い合わせる。